集出版社

散播閱讀火苗的人

臺灣圖書教師的故事

賴玉敏　　林于靖　　劉廉玉　　黃莉娟　　許慧貞　　林心茹　　合著　　**陳昭珍**　主編
陳芳雅　　曾品方　　童師薇　　劉怡伶　　廖英秀　　陳秋雯

（依章節次序排列）

推薦文
好東西與朋友分享

清華大學教育與學習科技學系教授　**柯華葳**

「好東西與好朋友分享」是孫越先生很鮮明的一句廣告台詞，他臉上真誠要分享的笑容，叫人懷念。

讀十二位圖書教師的文章，孫先生這句話浮現出來。由這些文章所感受到的，就是那一份要分享、不藏私的真誠。只是這一份好東西不能只與好朋友分享，而要與每個人分享，因為太重要了。是甚麼呢？

第一樣好東西。這些教師都嘗過閱讀的甜頭，親身經歷閱讀所帶出學習上的翻轉，或是滿足，或是感動，他們不得不傳出去。就像《新約聖經》裡記載瞎眼的人被醫治，不得不說，不得

不傳,「我看得見了!」「我被耶穌醫好了!」因著自己甜美的經驗,圖書教師將閱讀這好東西傳出去。

第二樣好東西。他們心愛的學校圖書館。這是圖書教師們用盡心力,改善學校的圖書環境,提供更多元的圖書,使圖書館成為知識、療癒、可以靜下心來的場域,吸引學童前來。

第三樣好東西。他們提供自己辦過的活動、所設計的教學、所使用的資源,為了讓孩童經歷當年他們閱讀的感受與感動。這些教師無不絞盡腦力,透過閱讀尋找各種方法,嘗試各種手段,建立校園的閱讀文化。本書提供的可是千錘百鍊後可以執行的精華。

全國各地不論公私機構推動閱讀多年,成果如何?有人甚不樂觀,因統計數字顯示閱讀書本的人越來越少。這讓我想到《聖經》中一個撒種的比喻。比喻是這麼說的:

　　「有一個人出去撒種籽。他撒的時候，有的落在路旁，飛鳥來把它們吃掉了。有的落在土淺的石頭地上，因為土不深，很快就長出苗來，太陽出來一曬，因為沒有根就枯乾了。有的落在荊棘裡，荊棘長起來，把它擠住了。又有的落在好土裡，就結出果實，有一百倍的，有六十倍的，有三十倍的。」

　　不習慣閱讀的學童都像土淺的石頭地，許多閱讀活動雖播出種籽，或是被飛鳥吃掉，或是太陽出來一曬，因沒有根都枯萎了。要有閱讀的好土，需要成人慢慢耕耘、翻土、拔掉荊棘，這就是圖書教師分享的好東西。希望成人都一起來，有可能要先翻翻自己的土，為孩童打造閱讀的良田，撒下的種籽才能往下扎根，向上結果。

推薦文
感謝魔法洞窟裡的引路人

牙醫、作家、環保志工　**李偉文**

　　因為喜歡閱讀，小時候的志願是開書店，及至中學，發現書店的工作人員忙著進書退書收錢管帳等瑣事，根本沒空看書，這時候縣市圖書館逐漸多了起來，轉而認為在圖書館工作是最理想的行業。不過很快又發現，圖書館裡有太多行政瑣事及上級交付的任務，只好悵然放棄這幻想。

　　長大行醫自己開診所，之所以將診所打造成社區圖書館，也是為了一圓小時候的心願。直到近年，才發現中小學的圖書館才是最理想的夢幻工作，因為除了工作中可以名正言順的閱讀之外，推動閱讀，引領孩子進入閱讀世界，更是一件功德無量的使命啊！

　　因為閱讀對一個孩子的重要，不只是能幫助考試多幾分而已，閱讀可以激發孩子生命的力量，改變孩子的人生。

　　除了閱讀為現實生活帶來的知識與具體的能力或技術之外，最棒的是它幫我們建構了一個別人拿不走的精神世界。即便我們很倒楣，在真實人生裡不斷遭遇挫折，一次又一次的失敗，甚至被人背叛、出賣，舉步維艱，人生似乎難以為繼，可是只要我們喜歡閱讀，書中無限寬廣的世界，會讓我們覺得生命還是美好的，值得好好活下去的。

　　而且有時候我們每天對應的這個現實世界的確很令人厭煩，覺得家人很煩，朋友很煩，希望全世界的人都不要來理我，渴望像一隻受傷的野獸躲到僻靜的洞穴一角舔傷，恢復元氣。但是生活中何處是那個沒人干擾的角落呢？閱讀，只要一拿起書，我們就立刻進入另一個世界，即便周

遭人來人往喧囂吵雜，對我們而言卻都神奇地消失不見了，我們就有點像披上哈利波特的隱形斗蓬一樣

　　書可以成為孩子生活裡的一扇窗與一道光，讓他看見一個與他日常生活完全不同的世界，一個更美好的世界，這種想像將帶給他們積極的熱情與努力的目標。

　　體會閱讀的樂趣，是每個大人應該送給孩子的禮物，而不是斤斤計較閱讀可以帶來當下考試成績多幾分的立即收穫。

　　越是這種看似無用的閱讀，卻越可能在往後人生裡帶來巨大的影響，對孩子而言，書不該有「用途」，書應該只是用來感受快樂的，所以一本書越有趣，越能深刻留在孩子的記憶裡。

　　在一個人的成長與學習過程中，我們都知道「近朱者赤，近墨者黑」，偉大的家庭教育典範孟母，也抵不過環境的力量必須三遷，因為人真的

是情境的動物，人很難逃脫周遭環境對我們有形或無形的影響。幸好有書，透過閱讀建構對世界與另一種生活的想像，那種憧憬，是超越環境限制的唯一力量。

當我看著孩子捧著書興緻盎然地閱讀時，是這麼安靜與專注，但是我知道他們內心是很澎湃的，也許正在古代追捕巨獸，也許是在太空中冒險，我知道在閱讀的此時此刻，他們已經正在為將來的人生而準備著，蓄積著力量。

這些年臺灣也正積極地在校園裡推行閱讀運動，但是我希望大人們不要以閱讀的數量來評比，更不要帶有太多現實、功利或比較性的態度來「鼓勵」孩子，而是要用盡心機讓孩子喜歡上閱讀，其實我覺得這並不難，因為人類天生是好奇的，是喜歡聽故事的。

只要有精采的故事，就可以讓孩子的想像力飛翔；只要有精采故事，就能讓他們生起「有為

者亦若是」之心；當然，只要有精采故事，就能讓成長環境或經驗不好的孩子知道，原來生活可以不只是這樣，我的生命可以有另一種不同的選擇，這種看見，就可以激勵孩子超越現實的挫折與困頓。

哲學家愛默生曾說：「圖書館是個魔法洞窟，裡面住滿了死人，是因為我們進去，才將他們從酣睡中喚醒。」的確，古往今來多少偉大人物的精神心靈都蘊藏在一冊冊書本中等待著，當我們翻閱書頁就等於喚醒他們跟我們進行無聲的對談。

感謝這群魔法洞窟的引路人，更感謝圖書教師志工團，為此放下生命其他的事，投入自己寶貴的時間，風塵僕僕於偏鄉，為了我們的孩子而努力，也因為你們的努力，讓孩子的生命有向上向善改變的可能，未來的臺灣，未來的世界，也會因而變得更加美好。

推薦文
搶救斜槓時代閱讀力
── 12位圖書教師送給我們的禮物

新北市立丹鳳高中圖書館主任　宋怡慧

在閱讀教學的旅程，他們情不自禁地對孩子掏心掏肺了；

當閱讀沒起飛時，他們捲起袖子耕耘，樂於給自己掌聲；

當閱讀正起飛時，他們捧出真心分享，無私給夥伴掌聲。

我一直深信：當你身邊都是強者時，你也是即將成為一個強者了。

打開這本書，你會理解他們對閱讀的初心、推動閱讀的想法，認同他們堅定行旅閱讀路的勇氣，然後，讓自己跟著他們，一起讓擁抱閱讀的夢想起飛吧！

　　網路「淺閱讀」時代，如何讓學生走進閱讀的世界，願意用一本書投資自己，這群夥伴「做」給你看，從打造閱讀天堂開始，賴玉敏打造一間有溫度的圖書館，讓圖書館成為解憂桃花源；林于靖用創意與誠意閱進偏鄉，擴展零落差的閱讀視界；劉廉玉是傳火的人，陪伴學校步步邁向磐石之路。誠如雨果（Hugo）說的：「書籍是造就靈魂的工具」，他們成功地引領學生走進書的世界，讓學習從閱讀開始。

　　從討厭閱讀到迷上悅讀，這群老師用的是什麼教學魔法？黃莉娟用說故事點撥學習的閱讀熱情；許慧貞讓圖書館成為孩子在教室之外的另一個學習場域；林心茹以BRAVE為推動策略，完成「英閱」勇敢之旅；陳芳雅以數位學習與科技融入閱讀，撒「網」全世界。誠如Nike創辦人菲爾奈特（Phil Knight）說的：除了公司以外，最常待的地方就是圖書館，這些老師的閱讀課也是

孩子點播率最高、人氣最夯的校園課程。

歐普拉（Oprah Winfrey）說：「書籍是我通往世界的通行證。」這群老師巧心妙思，善於跨域合作，循序漸進地與學生共創美麗的閱讀未來，一起拿到與世界接軌的入場券。林心茹雖說自己是長不大的彼得潘，卻讓閱讀課能深度探究，跨域想像；曾品方讓閱讀像呼吸，有系統地建立校園閱讀優質文化；圖書館的娘仔童師薇以縝密的閱讀課程地圖，從校內到校外，持續發揮閱讀無限大的力量。

比爾蓋茲（Bill Gates）說過：「閱讀仍然是我學習新事物，並測試我理解的主要方式。」這群老師的閱讀課做得卻風風火火的，不只是學生喜愛的課程，也讓閱讀成為彼此的人生助力。他們揮汗播下閱讀的種籽，讓閱讀的美好成林成蔭。劉怡伶不是看見閱讀有未來才堅持，而是願意堅持才能看見孩子閱讀的笑靨；廖英秀堅信

Reading for Taiwan是教學最美麗的人文風景；陳秋雯自稱蘇珊，對閱讀課不僅有前衛的作為，更樂此不疲地推動閱讀。

十二年國教新課綱即將啟程，十二位熱血的圖書教師的故事傳唱教育園圃最悠揚的樂聲。他們讓孩子們變成愛閱者，也能讀出興趣、讀出能力、讀出素養，更願意與孩子持續走在閱讀與創新的旅程，享受閱讀*1+1*大於*2*的奇蹟。

郝明義說：「時代的改變，是從閱讀的改變而開始的。」以前的知識是複製的，現在的知識要為你所用，這群夥伴教孩子如何把書中知識提煉出來，用於生活，解決問題，讓我們知道：閱讀只是過程，輸出才是結果。

闔上書扉，眼簾映入「斜槓時代如何搶救孩子閱讀力」的標題，雖說科技日新月異，你想傑出仍要擁抱書本。一如佐伯格說：「讀書能讓你全面地探索一個主題，而和大多數的媒體相比，

它能讓你沉思。」十二位圖書教師藉由「跨界閱讀」，不只改變課室的風景，也把閱讀的熱情與力量，透過文字送給愛閱的我們。這或許是斜槓時代，我們收過最珍貴的一份禮物了。

序言
回首來時路
—— 記圖書館閱讀推動教師的推動

臺灣的孩子沒有閱讀力？

　　要養成學生的閱讀興趣，家庭固然重要，但學校更是責無旁貸。十多年前，多數的小學不知道閱讀這件事該怎麼做，有的學校偶爾熱熱鬧鬧地辦閱讀活動，有的學校將閱讀完全寄託在志工媽媽講故事上，沒有志工團的學校就毫無作為；有的老師自己對閱讀有興趣，因此會要求學生閱讀，但更大多數的老師認為閱讀不是他們的事。

　　「閱讀」到底是什麼，很多人都說不清楚，大部分的人認為，閱讀就是「讀課外書」吧；可憐的是，很多家庭連課外書都沒有呢！所以當有老師在班上說，我們來辦個好書交換活動吧，竟然有學生回答，我們家只有農民曆。很多擔任校長及當老師的這一代，大都靠認真「讀書」成功，在沒有小學圖書館、沒有閱讀活動的教育環

境下長大的，因此不知道何謂「閱讀」，更不知道如何推動閱讀，也不知道學校圖書館到底應該如何管理，如何配合學校的閱讀教育。

還好因為臺灣第一次參加了 PIRLS 閱讀檢測，而且成績不佳，最糟糕的是竟然遠輸香港、新加坡！這個結果一棒敲醒了大家自我感覺良好的美夢，大家開始問：PIRLS 的「閱讀能力」是什麼？臺灣學生的閱讀力怎麼可能會差？臺灣有閱讀教育嗎？未來該怎麼辦？（還好臺灣太在意排名了）

閱讀教學資源荒蕪

二十年前楊茂秀教授就曾經跟我說：「小學應該是圖書館學校，我們一起來努力。」說來慚愧，當時我覺得這是遙不可及的夢想，只是應付地點頭。

後來溫世仁基金會何執行長提到，該基金會每年選送三百本新書到偏鄉小學，三年後到該小學參觀，新書包裹仍原封未拆。經詢問為何如

此，校長說：學校沒有整理圖書的人！這種現象普遍存在於臺灣的小學；楊茂秀教授在演講場合常提到：蘭嶼的學校很怕看到郵差，因為郵差又來送書了。送書成了大家解決臺灣閱讀能力不好的一帖藥方，因為送書最簡單，但書也成了學校最害怕的東西，因為不知該如何處理這麼多書。

圖書只是最基本的閱讀資源，除了書，還要有期刊、多媒體、資料庫、電子資源！更何況沒有整理的書，沒有閱讀氛圍的圖書館，沒有經常性的閱讀活動，沒有與課程結合的閱讀教學，都無法將書與學生連結。而要做到這些，只有學校有對閱讀、對閱讀教學及對圖書資源非常了解的老師，這樣專業的老師，在歐美地區稱為「圖書教師」，也是香港自 *1998* 年教改以來，要求所有的學校都要設置的「圖書館主任」。

十幾年前，我因為年輕，因為還有理想，所以單槍匹馬勇闖教育部國教司司長辦公室，懇切地向楊司長說明在小學設立一位圖書教師的重要性。感謝楊司長及國教司同仁察納雅言，願意從

五十所小學開始試辦「圖書館閱讀推動教師」。（看到這麼長的名稱，我不是太贊成，但是算了，先開始吧。有的學校會簡稱閱推老師、閱讀老師、或圖推教師，但是 teacher librarian 圖書教師是專業用法）

打造學校圖書館成為學習資源中心

圖書館只是學校的書庫，只需要辦理借書、還書服務嗎？在二十一世紀的今天還要談這麼過時的問題，實在有點不好意思，但這就是臺灣教育現場的真實情況啊！很多的校長和老師（當然還包括政府官員）還認為學校圖書館就只是等學生來借書還書的地方！借書還書當然是學校圖書館的基本業務，但即使要讓學生主動到學校圖書館借還書，我們所做的還差得遠！

去參觀臺北美國學校圖書館吧！圖書館主任會告訴你，他每學期如何配合教師教學需求，採購各種教學資源；他如何知道教師的教學內容及作業要求，配合展示及提供圖書資料；他如何了

解每一位學生的閱讀興趣，推薦他喜歡的書；他如何經營圖書館，提供最新的閱讀載具，如何介紹最新出版的圖書，最受喜歡的書，辦理各種閱讀活動，營造閱讀氛圍，讓圖書館成為閱讀課的教室，更是學生下課、放學、做作業最常去的地方。

去參觀香港的中小學圖書館吧！他們配合學校推動 STREAM 教育，經營圖書館，圖書館與課程結合，學生不只因為有趣而閱讀，更為學習而閱讀；圖書館主任的閱讀課（或稱圖書課）是培養學生閱讀力與學習力的重要課程。

去參觀日本的學校圖書館吧！國二的學生需要做專題，國三學生需要寫專題報告，資訊素養大六法（Big 6），是學校培養學生探索力最主要的方法！

當先進國家早就將學校圖書館當成重要的學習資源中心，我們的學校圖書館竟然連圖書應該先按照分類排列都做不到，更別說要配合各年級教師教學需求，陳列所需圖書，或依照學生的閱

讀能力,將圖書分級。因為沒有圖書資訊專業,也不認為專業重要;因為教學還是以教科書為主,所以也不認為圖書館和教學有什麼關係!

圖書館閱讀推動教師十年有成

所幸,我們從十年前也開始「圖書館閱讀推動教師」,雖然至今每年仍只補助 300 所小學,150 所國中,而且還要每年申請;雖然我們的專業培訓只有短期的研習,而非歐美或香港的圖書資訊專業學位養成教育,但是我們堅持下來了。所以十年後,我可以很驕傲地向大家推薦這些讓人感動的圖書教師,他們披荊斬棘、他們熱情洋溢,他們堅持教學的理想,改變了學校的閱讀環境與閱讀教育!

這本《散播閱讀火苗的人 —— 臺灣圖書教師的故事》只記錄了一小部分的人,它只是一個開始!

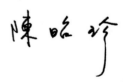

目次
contents

part 1

打造
閱讀的天堂

1 歡迎光臨解憂圖書館
——一間有溫度的圖書館

賴玉敏

「讓我們從現在開始，陪伴孩子一起閱讀，在孩子心中種植一棵閱讀樹，這棵樹將在孩子生命裡茁壯繁盛，綠葉成蔭，庇護著他們躲避世間的焦荒，得到安靜的清涼。」

——作家張曼娟

曾經我像是《烏鴉太郎》裡的小不點，被遺忘在教室的角落裡；我也曾像《小奇的藍絲帶》裡的小奇，總是拿不到一條屬於自己的藍絲帶。在孤單與失落中，就像《狐狸愛上圖書館》，我發現書是最好的朋友。豐富的閱讀經歷，讓我像《圖書館老鼠》一樣，因閱讀而開始寫作，當起了童書作家。

我希望像《小兔子邦尼的讀書會》一樣，讓更多孩子走進圖書館，愛上圖書館。我知道光是讓孩子喜愛閱讀還不夠，還要學會如何藉由圖書館資訊利用，才能像《無尾熊和小花》發現解決問題的樂趣。

雖然我不像《圖書館女超人》擁有超強神力，但因為童年的經驗，讓我希望能經營一間有溫度的圖書館，讓閱讀療癒孩子的心靈，如同作家張曼娟所說，為孩子種下一棵棵閱讀樹，庇護孩子躲避世間的焦荒，得到安靜的清涼。

閱讀翻轉放牛班的人生……

　　我是閱讀翻轉下的孩子。從小，因為爸媽忙於工作，我最常去的地方是圖書館。國小我沒拿任何獎狀，唯一值得驕傲的是那一張張借書證，寫滿了一本又一本的借書。沉浸在《西遊記》和《綠野仙蹤》等書裡，是我最大的享受，圖書館是童年編織美夢的地方。

　　因為沒有人引導，雖然愛看課外書，考試的成績都是滿江紅，於是我被編入放牛班。這時，才驚覺，若不努力，自己的人生將會是一場地獄。這時，曾經儲存的閱讀力，竟默默展現它的威力，大量的閱讀經驗，讓考試如過關斬將、勢如破竹。每個星期六下午，我總會到圖書館報到，翻閱自己喜愛的小說、散文及繪本。在青澀的歲月裡，圖書館是我的心靈 spa 區。

　　大學、研究所都在臺東大學完成；大學念的是輔導，研究所念的是兒童文學。讀輔導時，就發現繪本對我及孩子們的療癒能力。研究所的那幾年，在所長林文寶教授的引導下，像急於長大的毛毛蟲，夜以繼日地啃食著一本又一本的書。臺東大學兒文所的圖書室，是打開我閱讀新視野的修練場。

　　誰能想到，一個曾是放牛班的學生，長大後竟然能成為老師。於是，在我的教學生涯裡，我都鼓勵孩子們閱讀；培養閱讀的好習慣，希望他們能和我一樣，藉由閱讀翻轉人生。

圖書館員生涯起點

　　小時候就常想，如果能每天生活在書堆中，應該是件幸福的事吧！直到進入鶯歌國小後，有一天聽到學校徵求圖書教師人選的訊息，心想：這豈不是天上掉下來的禮物？對於愛看書、愛閱

讀教學的我來說，這是一份能實現自我的工作。

　　同樣喜歡閱讀教學工作的先生，不斷給予鼓勵，希望我能藉這機會，拓展個人的教師專業。雖然圖書館管理是一門我從未接觸的領域，相信只要肯學、肯做，應該不難。就在家人的鼓勵下，我自願擔任圖書教師的工作。也很感謝麗昭校長、淑媛主任，給我這個機會，開展我的另一段教學生涯。

　　鶯歌國小是一所百年老校，圖書館是多年前由和成文教基金會所捐贈。整體環境整潔舒爽，但因舊校舍改建，圖書館內部整修，上萬冊的書籍，因缺專人管理，造成書本看似整齊，卻沒人找得到書的窘境。三十幾年的老建築，樓頂遇雨則漏，往往造成館內積水的煩惱。這些都是初任圖書館員的煩惱。

　　幸好，全國圖書教師輔導團在八月進行圖書館教師初階培訓。輔導團的總召集人昭珍教授，用溫柔且堅定的話語勉勵大家；又看到萬興國小品方老師，毫不留私地傾囊相授；還有呂瑞蓮老師，鉅細靡遺地解說圖書館編目作業；中山國小林秀雲主任，將閱讀策略、資訊素養，巧妙地施展在學校推展閱讀活動上。加上認識許多雖然第一次見面、卻都熱情分享的好夥伴。三天課程之後，擔憂減少大半，又重新充滿電力，繼續未完成的工作。

圖書館女超人現身

　　回到學校，利用八月的空檔，號召剛畢業的子弟兵們回來幫忙整理書籍。每天光是規畫、整理、編目，回到家就累得倒頭就睡，這才發現圖書館員的工作一點也不輕鬆。當務之急是讓圖書管理制度化，唯有先做好圖書館經營及讀者服務，再來談全校性的閱讀推展。就在志工、家人、學生的努力下，花了整整三、四

個月，才讓圖書館的書回到正確的位置。這段期間，在行政的支持下，也解決了圖書館長久遇雨即淹的困擾，校長還特別找來經費，油漆美化入口處斑駁的牆壁。我們則盡力美化圖書館，讓它散發更多溫馨的氛圍。

記得志工櫻娟曾說：她先生本來以為圖書館志工是件輕鬆愉快的事，沒想到每次老婆忙完回家，都累得倒頭呼呼大睡，還不時要貼痠痛藥膏。雖然是個笑話，但也道出整頓圖書館參與人員的辛酸。不過，不經一番寒澈骨，焉得梅花撲鼻香！當書都擺對了位置，圖書館經營也就步上正軌。

大數據與館藏徵集

對圖書館而言，館藏發展很重要。館藏不僅要豐富多元，更要能均衡。記得擔任圖書館教師第一年，擁有第一筆經費購書時，雖然透過行政端向全校師生徵詢書目，但大部分都是根據我從網路或實體書店的書單中，挑選出來的。雖然我擁有兒童文學的背景，閱讀的數量龐大，但從 2012 年和 2013 年的分類書籍統計中，就可明顯看出當年採購的館藏偏 800 語文類，及 300 自然科學類，當透過統計圖表發現這問題時，為自己的決定感到汗顏。

因此，館藏徵集的前題是先做好館藏分析。每年我都會利用全誼系統進行統計，根據藏書量、藏書分類統計、借閱統計，進行數據的分析。藉由大數據分析，能看出圖書館館藏徵集調整的方向。剛好也可以做為每年 3％館藏淘汰的依據，儘量做到均衡的藏書量。

跨領域讓館藏更均衡

其實，圖書教師有四個身分：一是行政管理者，進行圖書館

的服務工作，結合資源、推動閱讀；二是教師，為學生進行圖書館利用教育，整合資源，讓學生有閱讀及資訊素養；三是教學夥伴，必須與學校教師協同教學、支援教學與合作研究；四是資訊專家，須整合數位資源、資訊組織，讓資訊融入教學。

　　為了達到教學夥伴的角色，近幾年來，我開始和各領域教師協同合作，在協作過程中，因為互動頻繁，所以更能掌握各領域的需求。例如：2015年與藝文老師劉美玲協作，我提供了書單，並和夥伴在討論中決定使用《我的故宮欣賞書》進行課程。「我的青花年代」的跨領域協作課程，從閱讀理解到認識青花、走讀青花到讀寫青花，多元且有趣的課程設計，獲得2016年《天下》雜誌微笑臺灣創意教案設計佳作。加入導師端的協作後，更獲得2016年教育部圖書館資訊利用融入課程設計第二名，這些課程因而導入更多的藝文領域書籍，成為延伸閱讀的書單。

　　在「故宮國寶與在地青花」課程研發後，我們發現在地化閱讀對學生的重要性，希望以「讀懂家鄉」為前提，讓閱讀更有意義。2017年，和一群志同道合的同事，組成「陶到巷子裡」的自主性社群，共同備課，讓我們規畫出完整的校本閱讀課程。透過不同的文本、閱讀理解策略、探究教學，完備的校本特色課程。也因和社會領域合作的機會下，圖書館開始大量購入各種面向、能讓學生更了解臺灣及鶯歌的書籍，讓社會課能充分結合圖書館資訊利用教育。

　　運用大數據與跨領域的協作，讓館藏徵集發展更均衡。

圖書館偵探──讀者諮詢服務

　　「阿姨，妳可不可以推薦冒險類的小說？」

　　「阿姨，我想要找一本和月亮有關的書，……」

「我的青花年代」藝文讀寫課程,學生扮演記者採
訪鶯歌青花皇后楊莉莉的報導,獲得國語日報刊登

擔任圖書教師,常常面對各種讀者的問題,這些問題多半是
關於書的。每兩個月一次的主題書展,讓更多藏書能展現在讀者
面前,但面對老師或學生的需求,對圖書教師是一種考驗,如果
不是有龐大的閱讀經驗,恐怕很難招架千奇百怪的讀者諮詢。基
隆銘傳國中林季儒老師就分享過一個笑話:

「阿姨,我想借一本書,書名是:《第12夜》。」
「嗯,圖書館裡沒有這個影片喔!《第12夜》應該是一部紀

錄片，但圖書館剛好沒有喔！」

「可是，我真的看到有同學借這本書！他說在圖書館借的，很好看，所以我才跑來借啊！」

「嗯……」（推敲沉思中）

「哦！我知道了。你是不是想借這本李家同的《第21頁》」

「對對對，就是這本書，謝謝阿姨，謝謝阿姨！」

「同學，《第12夜》，和《第21頁》中間差了9頁，差太多了吧！」

這個笑話，凸顯出圖書館老師就像google大神般有求必應，還必須有名偵探柯南般的推理能力，才能滿足讀者的需求。

除了服務學生，我們的服務對象還有老師，因此當其他老師寫一份課程計畫時，通常圖書館老師必須看一到六年級的課程計畫，找出圖書館內相關的圖書資源，提供給老師們閱讀。把圖書館裡的書，推銷出去是很重要的，就當是營養宅配到家的概念。開學初，我會和自然老師討論課程的內容，挑選館內合適的科普讀物、雜誌等，裝箱送到自然教室。自然老師除了運用在進教室前五分鐘的寧靜閱讀，當程度好的學生寫完習作，就可以自由挑選相關的科普讀物來閱讀，老師就有機會指導低成就的學生，實踐差異化教學的概念。

知書知人──借閱服務

在日本作家竹內真《圖書館蟲斯》這本書中，圖書館員詩織擁有透過觸摸物品，感受烙印在書本上的情感的能力。書中描述詩織用手就能感應到閱讀時從心底感到快樂或感動，那份情感會直接投入書裡。

現實生活中，雖然我們不可能擁有像詩織那樣的超感應力，但我覺得圖書館老師應該能從孩子的臉上或書本上，感應到每個孩子背後的故事。這就是萬興國小品方老師常告訴我們的「知書知人」。

還記得有個小朋友，每次到圖書館總是頭髮散亂，身上隱隱散發異味，同學都不太喜歡他。但他每次到櫃檯前，總是問我哪裡還有汽車的書籍，淺從低年級的汽車小百科，深到高年級的百科全書，我都儘量幫他找到各類的汽車書籍，不論是借書或還書，他總是興高采烈地談起每個閱讀到的細節。2016年圖書館重新改造啟用，已經是八年級生的他回到圖書館，拿出一背包的汽車設計圖，口沫橫飛地介紹他所設計的每一輛汽車，讓人忘記他曾是個資源班的學生。未來他或許是位黑手，也或許能透過閱讀的自學力，成為一名優秀的汽車改造師。

「知書知人」讓圖書館有了溫暖的生命力。

「望聞問切」的解憂圖書館

「解憂圖書館」的靈感來自東野圭吾的《解憂雜貨店》。圖書館裡閱讀千樹成林，孩子們難免遇到煩惱和挫折，如何引導他們藉由書籍療癒自己的心靈，化解煩惱，是我展開解憂圖書館的初衷。

運用兒童文學及輔導的雙重學歷背景，我設置了解憂圖書館信箱，鼓勵孩子寫下煩惱，投入信箱，我會固定收信。一開始，我發現單純的回信與介紹書籍，似乎達不到成效，且和學校的輔導信箱重疊。於是決定運用中醫的「望、聞、問、切」來幫助孩子。

我發現當孩子寫信投入信箱時，字句通常是簡短且雜亂的，無法了解真正的問題。於是我利用午休邀請學生到圖書館聊天，

藉由聊天梳理孩子的情緒及困擾，然後再重新具體化書寫自己的問題。認識自己的情緒及問題，是輔導過程中重要的自我覺察，孩子在梳理的當下，多少會發現自己的問題所在，根據每個孩子不同的問題，我再提供不同的書籍，為孩子下藥單。

令我印象深刻的是，有個小女孩在信中提及自己常被老師及爸媽罵，所以常常覺得沒自信，什麼都做不好。在「望聞問切」的過程中，我發現她常會在不恰當的時間，做不合適的舉動，說不該說的話，所以容易被師長斥責。我推薦她《我的願望：天天不挨罵》，在家裡與父母共讀。希望在親子共讀的情況下，家人也能覺察孩子心中的苦惱，光是孩子自己療癒情緒還不夠，藉由親子共讀，家人才能從故事中了解自己孩子心中的問題，進而改善劍拔弩張的親子關係，才是正本清源的好方法。

我還鼓勵孩子閱讀《媽媽使用說明書》，從文本脈絡中，發現故事的主角是如何透過觀察媽媽，而改善親子間的關係。說穿了，孩子透過閱讀，學習與家人相處的模式，自然能成為貼心的好孩子，被責罵的機會當然就會減少。最後我還結合圖資利用，鼓勵孩子善用 100 哲學類心靈勵志類的書籍，自我療癒。

臺大陳書梅教授所推展的「書目療法」，正是解憂圖書館提到透過閱讀可以達到「認同」、「淨化」、「領悟」等情緒療癒的心理歷程。如果能選擇好的閱讀素材，解憂圖書館將是孩子絕佳的心靈避風港。

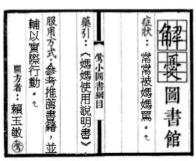

解憂圖書館

症狀：常常被媽媽罵。

藥引：《媽媽使用說明書》

服用方式：參考推薦書籍，並輔以實際行動。

圖方者：賴玉敏

鼓勵孩子寫下煩惱，投入解憂信箱，我再推薦合適的書，協助解決煩憂。

打造有「溫度」的圖書館

在圖書館閱讀推動教師生涯中，我除了努力完備圖書教師的四種身分，和行政團隊協作，打造全新的圖書館——閱讀的陶花源；辦理多元豐富的閱讀活動，讓孩子樂在閱讀，成為「悅讀者」；精進閱讀教學知能，讓閱讀理解親近孩子的生活，成為「閱讀者」；藉著跨領域協作，結合社區資源，讓閱讀跨越校園的藩籬，開啟孩子的視野，成為「越讀者」。

不僅讓鶯歌國小榮獲2016年新北市數位e悅校，2017年也獲得新北市閱讀績優學校。最令人開心的是，2017年的校務評鑑，從學生、老師、家長及評鑑委員的回饋中，閱讀校本課程受到高度肯定。還有老師在訪談中，提到鶯歌國小和其他小學不同的地方，就是「我們打造有『溫度』的閱讀」。由於閱讀是本校的校本特色課程，感謝訪視委員的讚賞，在2018年校務評鑑核心向度七「績效與特色」中獲得榮譽，通過「金質學校」的肯定。並感謝鶯歌國小師長們的支持，讓我在2018年以「圖書館閱讀推動教師」的職務，獲得新北市特殊優良教師及教育部師鐸獎的殊榮。感謝閱讀，不僅翻轉了我的人生，希望我的故事能翻轉更多孩子們的人生！

從擔任圖書教師以來，常常思索，想要經營一間什麼樣的圖書館？現在我確定了，那是一間有溫度的圖書館，那能量不僅僅是知識與自信，還有自我認同，和滿載的想像力與快樂！

孩子究竟為何而讀，除了獲取知識、思辨與解決問題的能力，我希望他們能為自己而讀。希望閱讀柔軟他們，讓閱讀成長他們，讓閱讀強壯他們，讓閱讀撫慰他們。希望每個孩子都有笑容，讓孩子在一間有溫度的圖書館裡茁壯！

於是我開始在圖書館尋找，尋找讓孩子心靈溫暖的祕方。

來點《看不見》吧！希望孩子能學會同理心，珍惜所有。

來點《一百件洋裝》吧！希望他們珍惜每一顆心，如同守護自己一樣。

加上《小殺手》，細細搓揉入味，這味道雖然有點嗆，但能教導他們不隨著別人起舞，找到自己真正的好朋友。

來些《奇蹟男孩》也不錯，厚重而深沉的味道，或許不易吞食，但是細細品味，能讓她們的心靈更柔軟。

如果味道還太濃郁，就加上一些《我是怪胎》好了，加上笑聲的調味料，孩子應該會更喜歡。

嗯，心靈書湯的味道似乎足夠了，但好像還少了一點，再去校園找更多孩子的笑聲，再去圖書館裡找更多的書來，為孩子的心靈加溫吧！

回饋

之一

升上四年級的我，以為閱讀課只是在閱讀，之後，發現這是一門很有趣的課。這學期我最喜歡的課程是認識鶯歌老街。因為有了這個課程我才能更認識家鄉，了解老街的文化、改變和歷史。更讓我知道要好好珍惜家鄉的資產。閱讀不僅是閱讀書籍，還可以閱讀地圖、文化和地景。閱讀課讓我學到許多知識，謝謝敏敏老師的指導。（學生焌翔）

之二

給玉敏老師

玉敏老師，謝謝你願意聽我的煩惱，讓我可以把煩惱忘得一乾二淨。遇到妳以前我是煩惱一大堆的，第一次遇到妳時，會想這個老師可以讓我忘記煩惱嗎？沒想到來圖書館就看到了解憂圖書館，謝謝老師介紹我《我們是好朋友》這本書，讓我不再害怕和好朋友分開的恐懼，謝謝老師。（學生宛蓉）

之三

玉敏老師是我的哆啦A夢。針對教材需要延伸時，她會開書單提供建議。當我需要增能時，她會幫我們媒合講師；印象最深刻的是臺北市永安國小黃柏翔老師的三次閱讀課，他帶領我們如何共同備課；另外一位是許榮哲老師，他教我們如何將桌遊融入語文教學。這些研習讓我在教學上更專業；當然我的孩子也變得更幸福，我們都成長很多。我的孩子最喜歡的是玉敏老師所舉辦的「與作家有約」活動，這大大提升他們對閱讀的興趣。在教甄路上，非常感謝有玉敏老師的幫忙，才有今天的我。妳是我一輩子的好朋友！（齡臻老師）

撰文者簡介

賴玉敏

新北市鶯歌區鶯歌國小圖書教師

我相信，帶著孩子找到屬於他的那本神奇書，就能翻轉他的人生！

2

讓閱讀走進偏鄉
——打造零落差的閱讀「視」界

林于靖

　　*2010*年，我有幸參與芬蘭閱讀參訪團，看到了芬蘭老師饒富創意的教學，他們多具有碩士學歷，不論城鄉，教育的資源充沛且與時俱進，具體實踐一個都不能少的信念，重視閱讀——圖書館的存在是必要的精神糧食。因此返臺後我進修碩士學位、接受臺師大圖書教師初、進階的培訓，在臺北市石牌國小擔任了四年專職的圖書館閱讀推動教師。

　　*2016*年跟著臺北市立景美女中國際志工隊，到賴索托的孤兒院進行閱讀教學，我深深體認到「唯有展現教育及文化的力量，才能擁有強大的國力」。

　　也因為這兩段參訪經歷，讓我決定，用自己對兒童文學的喜好及閱讀推動的信念，走入偏鄉，分享所學，為打造零落差的閱讀「視」界而努力。

打造基石

環境大整理

　　透過教學訪問教師計畫* 團隊媒合，我選擇到雲林縣古坑鄉

* 教學訪問教師計畫，由一般地區學校的正式教師參與，為提升偏鄉學校教學資源及擴展教師個人視野而規畫，由教育部在 105 學年度展開第一屆的招募計畫。

的華南國小擔任教學訪問教師，駐校一年。學校距離劍湖山世界遊樂園不遠，屬於華南村，海拔約三百多公尺，全校學生八十多位。圖書館的硬體環境已改造過，裡頭鋪設木頭地板，內部有著吧檯式的服務台、落地書牆及五座書櫃，六張大面積的圓桌椅，佔據了絕大部分的地板空間。館藏書籍皆以紅色圓點標籤標示櫃位號碼做為分櫃依據。

2016年7月準備啟動圖書館再造，除了請求家人、親友的協助，還透過FB社群，號召志工家長及圖書教師夥伴們，一起加入這個改造工程。

在我到訪前，圖書館是課後班孩子們睡午覺的地方，因此有許多非圖書館的東西散置在館內。我到訪後每天都在大掃除。由於圖書館位於一樓角落，沒有人力固定進駐管理，不常開窗透氣的結果，就讓白蟻和大量1公分的大螞蟻入侵館內，著實令我驚慌失措。經過大力整頓之後，圖書館內外改頭換面，孩子們更樂意走進這個書窩了。

圖書下架與排架

在圖書館的經營裡，館藏是主角。面對華南國小圖書館由右到左，與排架原則相反的排架方式，我選擇將館藏全面下架，重新整理七千多冊的館藏。加上新到館的兩千多冊新書，同一時間要如何將一萬多冊的藏書，安排到十大分類的櫃位，成了首要的工作。

華南國小的圖書櫃採用固定式，有兩座「頂天立地」的書櫃，由地板頂到天花板；另兩座書櫃則依照窗台高度做成兩層書架。在我和曾品方老師討論後，決定依照館藏量的多寡及學生借閱的喜好，將自然類的藏書放置在一進門左手邊窗台下的兩層書

架。安頓好 3 類的書，接下來就要處理圖書館的「大戶」——8 類語言文學書籍。

8 類的書是館藏的大宗，因書櫃的特性，我選擇將繪本與小說分開放置。小說數量多，因此全放置在一座落地書櫃區；繪本則安置在內側窗台下，一整排連成一氣，方便學生找書與借閱；櫃子的最上方，孩子們取書不易，因此放置一個個布偶居高臨下「鳥瞰」，並守護著圖書館。

決定了 3、8 類的書籍位置後，0、1、2、4、5、6、7、9 類圖書就依序由左到右、由上到下，安頓在另一側落地書櫃的「家」。

整理後的語言文學類書區，櫃子最上方不易取書，因此安排布偶居高臨下「鳥瞰」並守護著圖書。

圖書分類與編目

從 2001 年起，教育部推動「全國兒童閱讀計畫」、「焦點三百國小兒童閱讀計畫」等，都是為了提升學生閱讀能力、縮減城鄉閱讀落差。這一個個計畫，讓偏鄉學校的館藏確實豐富充實

了，但是沒有人力進行圖書編目、管理及閱讀推動，圖書借閱若有似無、書籍蒙塵、封箱的情況已是常態。偏鄉小校人力編制有限，老師多身兼數職，圖書館的經營只能仰賴老師們插花式的關照，且兼職管理的教師多未曾受過圖書教師課程的培訓，對圖書分類懵懵懂懂，更遑論為圖書進行編目。

圖書編目的目的就是要方便讀者能有系統且快速的找到館藏。因此如何建立圖書分類的一致性，是很重要的挑戰。在整理館藏的時候，發現許多經典的圖書，塵封在箱裡不見天日，經過整理及編目，終於讓它們與小讀者見面，重新亮相，成為架上的主角。編目的工作，既耗時又費工，在 2016 年的暑期結束，志工群一一撤退後，我的挑戰才真正開始。每天投入編目工作，一天頂多只能編一百本，還好有替代役男俞修的加入，協助編目工作，讓我得以展開圖書資訊利用教育與閱讀教學的課程設計與規畫。

推動閱讀

偏鄉學校學生少，活動卻不少，孩子們並不容易有機會靜下心來閱讀，我的到來就是希望這個情況能有所改變。因此，我以情境營造、教學合作及資源整合等三個面向，擬訂推動閱讀的策略，分述如下：

情境營造

1. 讓圖書館改頭換面

窗明几淨是圖書館的基本配備。將館內清楚分區，動線規畫明確，圖書館的利用會更落實。

首先，將圖書館入門口左手邊鋪設一整排的塑膠地墊，讓孩

子們知道由左邊的門脫鞋進館。由於山區蚊蟲肆虐，學校裝設了可以左右拉開的紗門方便進出，減少蚊蟲的叮咬，也讓孩子們更樂於進館閱讀。

　　走進館內，最醒目的就是圓弧形的主題書展陳列區，經過清理，總算露出它的木頭光澤，再以壓克力書架陳列一本本主題書，好書便一目了然；緊鄰在旁的是書插區，由孩子們親手繪製的一支支書插，有了展示與取用的專屬位置；右手邊的服務台，是我備課與教學的地方，也可以讓孩子們詢問各種問題；資訊檢索區，讓學生可以用電腦與條碼閱讀器自行借還書；有聲閱讀區，一次可讓兩名學生，戴上耳機聆聽故事；所有館藏，以十大分類定位，讓使用者能快速找到愛書；自由閱讀區，撤掉原本的大圓桌椅，師生們或坐成隊在地板上，享受悠遊書海的樂趣。

| 從裡到外讓圖書館改頭換面。

2. 讓孩子們從做中學

開學當天，我正式與華南國小的孩子們接觸，發現偏鄉的孩子們勤勞又天真，畢竟小校人力不足，因此訓練學生成為圖書館的幫手是必要且重要的，運用他們的好奇心及熱忱可以事半功倍。於是，我邀請二到六年級的孩子們在午休時間、放學時間進圖書館擔任小志工。不論是環境整理、拆書標、貼書標、貼到期單等，孩子們都樂在其中。進館幾次後，孩子們對於進圖書館變得很自然，下課時間也會主動來幫忙。

3. 主題閱讀佈展

第一個主題書展，我延伸國語課本的內容規畫了「偉人傳記好書展」，讓孩子們陶醉在大人物的事蹟裡。佈展後不久，上課不甚專注的四年級學生阿憲，在下課前，刻意跑來對我說：「這本《鄭成功傳》好好看喔！」當我聽到他的回饋後，覺得高興的快飛起來了！他是第一位表現喜愛閱讀的孩子，我相信會再有第二位、第三位的出現。

華南國小採用四學期制，因此在 2016 年 11 月 7 日展開第二個學期。我籌畫了「體育大挑戰」的主題書展，並安排景美女中拔河隊領隊校長及兩位選手到校演講，藉由真人圖書館的形式，讓孩子們與偶像們近距離接觸與提問，藉此發揮典範學習的效用。

第三個主題書展，根據高年級孩子們的身心發展，我設計了「談情說愛」的主題。偏鄉小校六個年段的孩子六年都在同一班，長久相處下情誼深厚，讓他們及早接觸友情與愛情的相關圖書是必要的。我運用《不會寫字的獅子》及《活了一百萬次的貓》設計教學內容，讓孩子們透過書寫，體驗愛的美好。

第四學期進入第四個主題書展，與羅德達爾的名著《吹夢巨

人》結合，推出「巨人的邀約」主題展，由國語實小的慧潔老師支援並提供佈展的大海報，我再設計與海報內容銜接的學習單，讓全校師生皆收到這份美好的邀約。

教學合作

如何與學校老師進行閱讀教學的合作，是訪問教師工作的重心。於是我透過推動晨讀、示範教學、參訪公共圖書館及帶領學生讀書會等，讓老師們成為閱讀的合作推手。

1. 推動MSSR晨讀

學校有兩位TFT（Teach For Taiwan）的年輕老師，分別擔任三、四年級導師，我邀請兩班加入身教式持續安靜閱讀MSSR（Modeled Sustained Silent Reading）晨讀的行列。他們一口答應。透過老師的身教示範。我看到孩子們從原來的躁動不安、東張西望，漸漸的能夠進入書本的世界。

2. 圖資課示範教學

圖書資訊利用教育課程的目標是培養孩子們成為終身學習者。全校的學生從未接觸過圖書資訊利用教育的課程，對於十大分類及書插的使用等，毫無所悉，藉由一次次示範教學，在導師觀課的同時，讓孩子們學會使用書插、知道進館閱讀的規矩、會看十大分類號、也會自己借還書。

進入第二學期，圖資課的目標著眼在好書的介紹及閱讀能力的培養。我發現學生們會主動進館找書讀，老師也會結合課程進行相關書籍的延伸教學。

3. 公共圖書館參訪

一月份的重頭戲是安排全校師生到古坑鄉立圖書館進行班訪

活動。有些孩子從未去過公共圖書館，老師們也表示未曾進行這樣的拜訪活動。因此我從聯繫到安排出訪，著實花費了一番心力。

　　我將一到六年級分成三個時段造訪。拜訪當天，由我和老師們開車接駁，把參訪的師生載到古坑鄉立圖書館。一進館就受到館長及館員們的熱烈歡迎，接著館長親自為師生們進行全館導覽，館內共有四層，每一層樓面積不大，但規畫得宜。一樓是服務台及書報期刊雜誌閱讀區，館員就在此區進行電子書教學並介紹尋寶活動；二樓規畫了兒童閱讀區及資訊檢索區，低年級的孩子們可以在此區找到自己喜愛的圖書；三樓是十大分類的圖書，適合中、高年級在此區閱讀。短暫的一小時班訪活動，讓學生們將平日在校習得的圖書資訊利用教育能力學以致用，也藉此體察到——原來平日所學是能在生活中應用的。

| 三甲及五甲班參訪古坑鄉立圖書館後，師生與館長合影。

4. 讀書會帶領

　　從「什麼是讀書會？」「我可以不參加嗎？」到「老師，今天中午有沒有讀書會？」，我以六次的讀書會，看到孩子們的蛻變，真是令我感動又驚艷！

在華南與老師合作是重要且必要的，我邀請了五年級尉成老師及士訓老師一起參與動物派對讀書會的進行，讓他們觀摩的同時，能知道讀書會帶領的具體做法，未來也可以在教學中實施。

其實只要給孩子們機會，他們就可以做到，而且努力的做好！這段午休的動物派對讀書會，相信會在孩子們的童年生活中，留下一些印記。

資源整合

引進更多外部資源來參與閱讀推動，更能發揮共伴效應。親師生一起來打造閱讀桃花源。

1. 樟樹下說故事

*2016*年*3*月氣候舒適宜人，我們展開了在樟樹下說故事的活動。每週三第三節下課邀請朱主任、楊主任、士訓老師及替代役男俞修，來為孩子們說故事。這個方式對學校的師生都是新的體驗，只要能因此擴大孩子們的閱讀視野，大家都樂於嘗試。

春天氣候宜人，邀請朱主任在樟樹下為孩子們說《畢老師的蘋果》。

2.志工家長的加入與投入

偏鄉的家長多忙於生計，無法到校擔任志工，這也是偏鄉與都會的差異之一。志工難尋，故事志工更是鳳毛麟角！所幸上學期在古坑鄉立圖書館班訪活動時，結識為孩子們說故事的琇惠，我力邀她上山來為華南的孩子們說故事，她一口答應。當她專程上山來為孩子們說故事的日子，我看到低年級孩子們聆聽故事時發亮的眼神及專注的表情。有故事媽媽真好！

3.LINE群組凝聚家長、重視閱讀

家長是教育的合夥人。當家長會長成立了華南的家長LINE群組，我開始不定期的將閱讀的訊息傳遞出去，也將孩子們入館閱讀的照片PO出。漸漸的，有了家長們的回應與參與，如此一來也就產生更多力量。

後記：一個都不能少的耕耘

經過一年的打拚，全校師生都感受到圖書館的蛻變，當老師、學生對我說：「圖書館有了妳變得不一樣了！」除了感謝師生的肯定外，也不斷思考如何讓圖書館的經營能永續傳承下去。

走讀雲林這一年，讓自己融入環境、融入人文、融入課程，我認識了華南之美、也發現雲林的生命力——再艱困的環境都可以種出一串串甜美的番茄、再貧瘠的口湖都可以孕育一片片的烏金——烏魚子、再夕陽的毛巾工業都可以製造出一條條幾可亂真的蛋糕毛巾……。

培養孩子們的閱讀能力與興趣，讓孩子們能閱讀、會閱讀甚至愛閱讀，雖無法立竿見影，但在這一年的時間，我讓閱讀走進偏鄉，以打造與都市零落差的閱讀「視」界為目標，不斷播撒閱讀的種子，我相信只要長此以往，終有綠樹成蔭之日，我衷心期盼著。

撰文者簡介

林于靖

臺北市石牌國小教師。

2013天下雜誌教育基金會閱讀典範教師，2015年教育部閱讀推手個人獎，台北市圖書館教育輔導團兼任團員。

現職教育部第1-3屆教學訪問教師，訪問學校為新北市林口區嘉寶國小、興福國小。

用閱讀照見世界的浩瀚，

由閱讀看見自己的渺小。

願閱讀之力讓自己與世界變得更美好。

3 傳火的人——圖書教師，陪伴學校邁向磐石之路

劉廉玉

從天龍國到後山

2000年，因緣際會放棄在臺北市擔任教職的機會，選擇到偏鄉臺東擔任教師。

隨著越來越了解這裡的風土民情，體悟到臺東和臺灣其他各地的城鄉差距，真實存在著！但既然選擇在這兒當老師，就沒有悲觀的權利。如何陪伴孩子成長？有沒有走出弱勢環境的方法？是我一直思索的問題及前進的動力。

2005年憑著一股傻勁與熱忱，接下教學組長職務及全校有關「閱讀」的工作。在摸索推動閱讀的工作中，發現這就是培養學生「帶得走的能力」之不二法門，是縮短城鄉差距的重要方法，於是開啟我的閱讀推動教學生涯。2010年有幸成為教育部圖書館閱讀推動專任教師（簡稱圖書教師），並於2011年協助本校榮獲教育部「推動閱讀績優磐石學校」（簡稱磐石學校）。

從門外漢到圖書館控

還記得剛開始接手圖書室，只是辦點狀式的活動，雖然熱鬧有趣，但是效果無法長久；圖書編目則是照前人的方法依樣畫葫蘆，其實錯誤不少。直到2010年開始接受教育部圖書教師培

訓，才知道要成為專業的圖書教師，有好多必須學習的地方。在每次的圖書教師研習中，發現圖書教師有個共同的特質：「不藏私」，讓我從前輩和夥伴們身上學習到好多。

除了參加線上或實體研習外，也跟著本縣圖書教師團隊參訪縣內外優良圖書館。自己也會利用假日以參觀圖書館為樂，達到觀摩學習的功效。現在，我自詡是「圖書館控」，無論到臺灣各地出差或旅遊，甚至是出國，只要看到書店、圖書館，就會進去參觀、拍照，所以同事到外縣市看到有特色的圖書館，也會和我分享。

【心法一】
身為圖書教師，必須先儲備自己的能量，
才能將閱讀的熱情感染給親師生。

從「有省錢」（臺語）到五星級

圖書室是學校「推動閱讀的中心」。而擁有一間更整體、更現代化、更活潑、更適合學習、更適合教學的圖書室，一直是我的夢想。不過改建經費龐大，所以只能默默地漆漆椅子、畫畫牆面、改改擺設位置，用最省錢的方式貼近夢想與需求。

後來有機會參加教育部2012年「補助充實公立國民中小學圖書館（室）圖書及設備計畫」評選，以「打造臺九線上的閱讀光點」計畫參賽，很幸運地得到補助，於是展開一段「築夢的美妙旅程」，整個過程均邀請全校親師生參與，並製作成一段「卑南國小圖書室變身記」紀錄片，影音檔如下：https://youtu.be/jOu2gq8hgkI

現在，本校擁有一間美好的圖書室——**書海奇園**（請見下

圖），繼續推動閱讀的快樂航程！

【心法二】
無論經費是否充足，只要用心經營，
必能營造吸引讀者的閱讀空間。

從辦活動到重課程

　　本校自2003年起推動學校本位閱讀課程，當時並未規畫一套全校性完整的課程。所以在2007年，我提出學校應制訂一至六年級全面性的主題課程，才能確保學生能力的養成。還記得在開會中提出這個想法，就有老師直接回應：「不可能！」所幸在校長的支持下，幾位喜歡閱讀的老師們一起討論，本校的「書香校園精緻閱讀課程」於焉誕生，為了配合這樣的課程，學校買進大量的共讀書籍，供班級使用，這套課程持續運作超過十年。

　　2007年，「晨讀10分鐘」的觀念傳進臺灣，因為深覺這是培養學生閱讀習慣的重要觀念，於是我印製書摘，將理念宣傳給全

校師生，在教師會議討論調整學校作息，展開每日晨讀 *10* 分鐘活動迄今。

自 *2010* 年起擔任圖書教師，為了讓閱讀教學的面向更完整，依據 J. Chall 教授閱讀二階段理論：三年級以前為「學習閱讀的能力」（learn to read）和四年級以後為「透過閱讀學習知識」（read to learn），規畫本校「圖書資訊利用教育教學課程綱要」：

臺東縣卑南國小圖書資訊利用教育課程綱要							
年級		一	二	三	四	五	六
圖書資訊利用教育	課程名稱	圖書室導覽	書本的結構	中國圖書分類法	索書號	資料庫	網路資源查尋
		閱覽規則	社區圖書館	報紙、字典	期刊、圖鑑	百科全書	線上百科全書
	延伸資源	辦理本校借書證	參觀文化處圖書館並辦證，參訪兒童故事館	國語日報贈閱	本校期刊區、縣府贈閱未來少年	中華兒童百科全書	申辦國資圖數位借閱證
閱讀素養	課程名稱	繪本	橋梁書	少年小說	專題報告	傳記讀物劇本	科普讀物
閱讀策略	圖資課	預測		心智圖	六何法	做筆記	書摘
	課文本位	識字（字音、部件）、流暢	詞彙（擴展詞彙）	課文大意：刪除／歸納／主題句	課文大意：文章結構		推論：找支持的理由

內容與各年級領域課程及教師搭配實作（如：國語文、作文、社會、自然、生活、資訊、藝文），要求小組合作、學生動

手做，並舉辦相關比賽，強化學習效果，希望以系統化階段教學，增進學生全面性的閱讀能力。另外，為了豐富上課內容，會設計符合學校現況的教案，結合社會資源，並進行相關書籍的書單建置，分享給學生及縣內外教師使用。

推動圖書資訊利用教育課程（簡稱圖資課）和領域課程的協同教學，是這幾年努力的目標，很感謝邀請合作的老師們大力配合，成果遠超過預期。一開始，從時間上的協同開始，後來慢慢融入領域課程，將圖資的能力運用在學科上，希望能幫助「老師的教」及「學生的學」。

記得第一年嘗試用心智圖結合作文，請導師出作文題目，我帶著學生先畫心智圖，然後請他們回到國語課去寫作文，沒想到有一位導師利用後來的作文課，帶學生再討論一次，並融合全班的心智圖，自己用電腦軟體畫了一張作文題目的心智圖，令我萬分感動！圖資課如果能結合任課老師的心力，才能真正發揮其中的影響力！

後來，嘗試圖資課結合資訊課和社會課，請社會老師出專題報告題目，由圖書教師介紹線上資料庫的用法，而資訊老師指導學生PPT的製作。學生使用線上資料庫查尋社會課的報告資料，再製作成PPT，完成後，回到社會課去報告。合作的社會老師在開會時分享：這樣的課程減輕她的負擔，而學生又能完成不錯的報告。很開心老師們重視這樣的課程，也很感謝她們讓圖書教師參與她們的教學。

另外，我會固定和資訊老師合作三、六年級的課程。剛開始合作時，他看了我的上課方式後有感而發：「我要向妳學習，給學生多一點練習機會，以前都是我一個人唱獨角戲，學生都快睡著了。」這又是意外的收穫，原先專注的點在學生身上，沒想到

卻引發老師省思自己的教學方式。

　　很感謝本校老師們的配合，雖然也會有不同意見的時候，但是我鼓勵自己往好處想，只要是對學生有幫助的，都願意去嘗試。常常會有小朋友問我：「什麼時候要上圖書館課啊？」「為什麼還沒輪到我們上圖書館課？」當學生把我介紹過的書立刻借走，或是和我討論上課內容，都令我感到歡喜。小朋友說：「上圖書館課，可以讓腦中的問號變成驚嘆號！」

｜圖資課堂上，學生分組閱讀及討論老師訂定的主題。

【心法三】
熱鬧的活動能快速引發熱情，
但要走得長遠，必須透過課程深化，才能扎根茁壯。

從單打獨鬥到團隊合作

　　活化本校圖書室，使它成為「學生的學習資源中心、教師的教學支援中心」，是我身為圖書教師被賦予的重要目標及推動方向。下圖為我規畫的圖書經營之道：

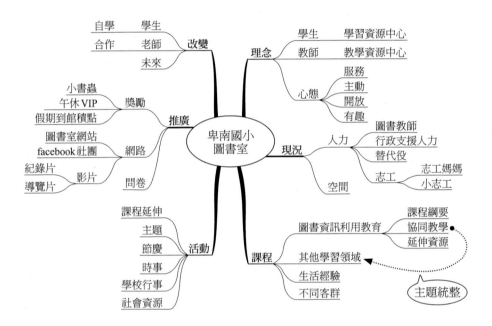

　　在圖書室經營上，要特別感謝協助管理圖書室的行政支援人力王靜雅女士，平時的管理、編目、推廣活動、課程進行等，她給予我非常多的協助，她的熱心及用心，讓我感念在心。我們成立了FB臉書社團，讓親師生有溝通的管道。這個平臺委由她管理，她都能即時呈現精采的活動內容，記錄推動閱讀的過程，所以我們倆堪稱最有默契的「圖書室二人組」。

　　圖書室改建後，為了增加學生學習的機會，特別招募並培訓小志工，我們建立「家族制度」，每家均由六年級帶領四、五年級，不同年級擔任不同工作，讓小志工們能團隊合作，互相幫忙。現在他們可以為轉學生導覽認識圖書室的課程，也支援每個月主題書展布置的活動，總有讓人驚艷的亮眼表現。

　　我還規畫有趣的活動來吸引老師加入，例如：請他們介紹好書、扮演書中人物、到圖書室來表演等。以前，圖書室購書詢問老師意見，回應往往很少；現在，平日就會有老師提出想買的書單；以前，我拜託老師們帶學生來看主題書展；現在，他們會主動提出要辦什麼樣的主題書展……。

　　2013年本校加入教育部「閱讀師資人才培育亮點學校計畫」後，為了實施課文本位閱讀理解策略教學，我擔任了「閱讀亮點專業社群」帶領人。

　　一開始經營社群，毫無經驗的我懵懵懂懂的，儘量不增加老師們的負擔，可是這個計畫還是有它基本的要求與壓力，例如：公開課、拍攝影片等。有一天，我收到一封「咆哮信」（有哈利波特小說的感覺），寫滿了社群某位老師的壓力與不滿，看著看著，我的淚水就滴在信紙上。我一心想著「孩子的成長不能等，老師們再不動起來就來不及了」，所以盡心地想幫助老師們成長，但收到的竟是這樣的回應。我邊流淚邊回信給她，除了澄清她的誤解之外，還請她留在社群，所幸後來幾經溝通，她願意繼續參與計畫直到現在，我很感謝她。

　　為了讓全校老師們能一起成長，我想辦法邀請各地優秀的老師或教授來到學校分享與指導，其中讓我印象深刻的是邀請臺北市國語實小李玉貴老師。李老師非常忙碌，一開始我遍尋不著她，好不容易聯繫上了，但她已不接週三下午點狀的進修。於是

和校長溝通，請他支持我在假日辦研習。經過好多次的電話、簡訊、line來回聯繫下，有一天終於收到李老師的簡訊，「為了學校老師的精進成長，妳這麼用心，我被妳感動到了！」於是在全校教師95％高出席率下，我們在元宵節的假期，到學校研討語文課。外面在炸寒單爺，撼人炮聲隆隆，但我們在學校裡接受李老師的指導，內心更為震撼，改變了許多老師的教學思維及教法，讓我覺得一切辛苦都值得了！

【心法四】

成功不必在我！

試著和更多人合作，一起享受推動閱讀的成長與樂趣。

從赤手空拳到資源不斷

「苦，不能苦孩子；窮，不能窮教育」，身處偏鄉的我們，因為硬體資源不足，所以必須積極爭取並善用社會資源，配合學校教育，推動閱讀活動。每當別校問我為什麼可以引進這麼多資源時，總覺得把孩子的需求放在第一位，自然就會有很多機會，而學校就是要積極地幫孩子留住這些機會。

有時善心人士捐贈的書不是最新的，但總能幫它們找到好去處，不怕藏書空間不夠或是增加編目工作而拒絕。曾經有位老師說：「這些書送到我們學校，住進我們的圖書室，它們一定也覺得開心。」我們用心善待書，老師們是感受得到的。

為了爭取購書經費，和班級導師合作參加溫世仁文教基金會有一年專為臺東孩子舉辦的徵文比賽，目標只有一個：「拿下全縣第一、奪得獎金10萬元」。真的很感謝導師們的用心指導和師生努力投稿，最後，我們真的贏得了第一名的獎金，替圖書室添

購許多新書，這樣的努力過程，讓外校老師羨慕不已！

有一年家扶中心書車來接洽，他們本來只想來一次，但我鼓起勇氣問：「可以多來幾次嗎？我們有很多班級。」沒想到他們竟整學期每週三的晨光時間，都特地到學校來服務小朋友。當時有位小一的孩子有一點懼學症，可是在看到書車的那一刻，眼睛都亮起來了，而且每天盼望著週三書車的到來，家長說：「她發現來學校的樂趣了。」這可是當初引進書車所始料未及的呢！

因為學校離市區有一段距離，學生家境又普遍不好，所以年年和兒童故事館合作，申請車資補助，讓二年級小朋友不必花錢，就可以參訪兒童故事館、氣象站、文化處圖書館，達到圖書資訊利用教育課程的連動。

一直到現在，我們還是很努力幫師生爭取許多社會資源。也許無形中增加很多額外的工作，但只要有一位老師或學生得到幫助，或產生一點影響，這份努力就會繼續下去。

【心法五】

爭取資源，讓孩子看見更多可能。

| 書車，為孩子們提供閱讀的新鮮感與樂趣。

從讀書到讀人

擔任圖書教師，最常接觸書和讀者，這些年來，我越來越覺得圖書室除了「讀書」，更長時間是在「讀人」。吉古（化名）是一名有情緒障礙的孩子，從市區明星學校轉來本校，他常常出現在圖書室，有時因無法控制情緒，會被老師處罰不能來。於是我們和班級導師商量，把到圖書室閱讀當作獎勵，他若能完成要求，就可以換取圖書室的「午休 VIP 卡」，在較長的午休時間來閱讀。

一開始，每當被「剝奪」閱讀時間時，吉古會以大吵大鬧的方式表達不滿，但因表現良好而當了幾次「午休 VIP」後，他願意為了爭取這個「權利」，忍住心中的情緒，完成老師的要求，即使被要求重做，他仍會控制自己的怒氣，再努力第二次。

因為他很聰明，看的書也多，所以買新書時會特別徵詢他的意見，當新書進來後，再搭配圖書室「搶新書」的活動，升旗時請他上臺介紹新書。為了介紹新書，吉古用心做筆記，在要報告的每一頁貼上便條紙，終於完成一次又一次的好書推薦，得到全校師生的肯定。

「到圖書室閱讀」帶給吉古很大的轉變。畢業前夕，吉古過來跟我說：「上了國中，我還是會常去圖書室。」圖書室只是陪孩子走過一段心路，而他養成的閱讀習慣，卻能伴隨著他一路前行，希望每個孩子都能在圖書室一方小小的天地裡，找到屬於自己安適的角落。

【心法六】
圖書教師是書與人的橋梁，
當閱讀和生命產生連結，就可以陪伴一生。

從一股傻勁到無怨無悔

　　獲得磐石獎只是一時，讓閱讀持續發揮影響力才是學校持續努力的目標，我覺得圖書教師就是「傳火的人」，要用自己的熱情點燃師生對閱讀的熱情。在臺北長大的我，當年因為一個不同的選擇，有此機緣為臺東可愛的孩子們盡一份心力，我覺得很有意義，也很有成就感。

　　感謝教育部這幾年重視閱讀的推動，無論是經費的挹注、圖書教師制度、改善圖書室環境，都讓我們教師推動閱讀能無後顧之憂，更讓偏鄉的孩子被看見，有機會拉近與城市孩子的距離；感謝一路相伴的所有人，能一同為孩子打拚，真是件幸福的事！

劉廉玉

臺東縣臺東市卑南國小圖書教師

凡經我手，必使之更真、更善、更美！

part 2

點燃學習熱情
的閱讀課

4 圖書・故事・圖書教師說故事

黃莉娟

開啟閱讀的「心世界」

　　小女孩擁有的第一本故事書是《阿拉丁神燈》，那一年她六歲。送她書的是剛到這偏僻的島上教書、在小女孩眼裡像仙女一樣美麗又溫柔的年輕女老師。

　　在可能的時間裡，小女孩把那本書上的文字與圖片一遍又一遍地閱讀，直到整個故事，包含地洞裡那棵長滿紅寶石、綠寶石、黃寶石和各種顏色寶石的樹，都深植在她小小的腦袋裡，並成為許多次因為父母吵架而害怕不已的夜晚裡，唯一平靜的避風港。

　　時間一年又一年過去，小女孩的媽媽每天從市場做完生意，返家時就會買回讓四個孩子足夠填飽肚子的食物，在除舊布新的時節，也會為孩子打點必要的新衣裳。長年在貨輪上工作的爸爸，會在結束半年到一年的航行後，帶回一些糖果以及讓孩子看過後就要拿到堀江商場寄賣的玩具。一年又一年過去，這個家裡仍不曾出現第二本故事書。

　　十歲那年，來了另一位仙女老師，她在每個星期五的中午送給小女孩一座讀不完的書山——學校的圖書館，那天是每週的借書日，負責這項工作的小女孩在午餐後可以在那裡盡情地看書，

然後在午休結束時借回老師要給全班同學看的書。*1979* 年當時的學校圖書館，沒有漫畫書，沒有繪本，絕大部分都是聯合國兒童基金會贊助臺灣省教育廳所編印的《中華兒童叢書》，但對小女孩來說，每一本書都很好看。

在小女孩看過的許多書裡，她最喜歡的一本是《小紅和小綠》。小女孩喜歡這本書，每次到圖書館，都會把這本書看一遍，每一次，她都會跟著小紅和小綠互相分享的情誼感到快樂，也跟著大人的心計和貪婪感到悲傷；她知道小紅不是故意的，但也知道小綠真的不會回來了。

「小女孩」是兒時的我。從《阿拉丁神燈》到《小紅和小綠》，還是小女孩的我，知道每一本書都有一個神奇的世界，要進到那個世界比起生活中的許多事情簡單很多──只要打開書並閱讀書上的文字。多年後，當我成為老師，以及後來成為圖書教師時，更加堅信，透過閱讀通往神奇的書本世界，是一種可以超越貧富界線的幸福。

寒暑假下鄉帶領閱讀

還未擔任圖書教師的前幾年，我會利用寒、暑假，以行李箱裝著書到某個偏鄉小學去辦理「愛書人冬（夏）令營」，對象是中、低年級的弱勢學生。我想利用幾天的陪讀，幫助他們認識書的趣味，認識書的豐富。從彰化埤頭、嘉義石桌、臺南西港、高雄旗津到臺東金崙，偏鄉孩子的寒暑假沒有安親班與補習班，往往也欠缺閱讀的養分。我帶著書本走入孩子們的假期生活，在不同地方的孩子眼睛裡，我看見那專注凝視文字的眼神，有著相似的光采。

後來，我讀了《普魯斯特與烏賊》，感到很震撼，也讓我對

閱讀的概念豁然開朗。這本書的主角不是法國小說家普魯斯特，也不是烏賊，它讓我了解「閱讀」本質的繁複，與可為之處。

2011年寒假到彰化中和國小辦閱讀營，我們在三天裡，讀了認識自己、關於國王和關於時間三種主題12本繪本。

　　我服務的學校不在偏鄉，但是孩子的家庭背景及文化刺激差異很大，「富者愈富，貧者愈貧」的閱讀能力，在中年級就清楚顯現。「悅讀入門讀書會」是我為圖書教師角色規畫工作地圖時第一個放上的板塊。我向全校二、三、四年級的班級導師，提出為閱讀能力落後的孩子成立「悅讀入門讀書會」。不知道自己能幫助他們多少，但我知道：要去做才會有機會改變。

　　二年級「悅讀入門讀書會」安排在週一的晨光時間，每次讀一本繪本，一起讀出聲音，一起慢慢的讀，然後我會提出一、兩個問題，讓孩子去想。小瑋剛來時讀字的速度很慢，需要用手指著讀出聲音；小芬能認讀很多字，但在理解上是困難的；小元翻書的速度很快，臉上總寫著「我不喜歡看書」的神態。每週一的晨光時間，我們一起在圖書室學習閱讀，學習思考，學習發表，也學習找到自信。

　　三年級的活動時段安排在週三晨光時間，我們讀橋梁書，也嘗試閱讀更多文字的書本，流暢地閱讀文本是初期的目標，文本線索與生活經驗的連結則是閱讀後的重要活動。有一年，孩子們在世界閱讀日的「校長說故事」活動之後，上臺為全三年級的師生朗讀一段大家一起讀過的《加油吧！笨海豚》，孩子們帶著羞澀、像故事中的「跳跳」笨拙卻努力跳過鐵圈的精神，贏得了滿場的掌聲。

　　週五的晨光時間，則是四年級讀書會的活動時段，主要是進行文章的閱讀理解，在「富者愈富，貧者愈貧」的「解碼讀者」階段，每一次活動我們只學一件事，也許是從文章裡找出支持理由，也許是學習讀一張圖，慢慢的，建構出確實找到眼見為憑線索的成功經驗。慢慢地修正這些能力低落的孩子，因為害怕錯誤而以猜測來作答的習慣。

|「悅讀入門讀書會」幫助孩子提升閱讀能力。

組織「愛書人小志工」分享閱讀

　　我為圖書教師角色規畫的第二個工作板塊是「愛書人小志工」活動，我認為不同於班級中的閱讀分享，圖書教師要規畫的閱讀分享，必須有足夠亮麗的「點」，必須是可連貫的「線」，更必須有豐富的「面」，以因應不同年級孩子的學習需求。

　　在思索的過程中，腦子裡浮現《巧克力工廠的祕密》這本書，這是圖書室裡深受孩子們喜愛的一本班級共讀書。故事敘述貧窮的小男孩查理因為不貪心、不貪吃，堅持信念地通過威利・旺卡先生的測試，不但平安地從巧克力工廠出來，也因此成為巧克力工廠的繼承人。

　　懷抱著威利・旺卡先生製造巧克力的精神，我想找一群小朋友，創造出讓全校學生都樂意觀賞的閱讀分享單。於是，我請三到六年級的班級導師推薦喜愛閱讀且有分享能力的孩子，我把這些孩子組成「愛書人小志工」，配合每一次主題書展來進行閱讀分享，每一次的分享任務，從閱讀到分享單創作都是現場完成的。

　　配合「自然・科學・新視界」的書展主題，小志工們用四格漫畫分享了「閱讀一本不想讀的書」的心路歷程；配合「童詩・花園」的書展主題，小志工們嘗試詩的改寫；配合「各行各業的故事」書展主題，小志工們寫下他們所觀察到的職業辛勞，並且探索自己的職業志向；配合「閱讀幸福・創造幸福」的書展主題，小志工們分享從故事裡發現的幸福，並且畫出屬於自己的幸福圖像等等。小志工們在每一次的活動中，都必須準時出席，學習善盡「查理的堅持」，同時，必須向威利・旺卡先生學習「發揮最大的努力與創意」的精神。每一次活動結束，當孩子們陸續

交出精心獨創的分享單時，我知道他們做到了。

《中華兒童大百科》裡的祕密

　　如果把孩子們走進圖書室後的行走路線，逐一在地板上畫出，那宗教、哲學、藝術類書籍，像是海拔三千公尺的高山，朝聖的腳步稀疏如空曠的地圖上很難看見的道路；自然科學、史地類書籍，像臺灣東部，平日和假日（進行特定作業需求）的交通流量差異懸殊；語文類像臺灣西部，公路與鐵路四通八達；然而通往漫畫書櫃的腳步，則像是連臺北大都會區綿密的交通網絡都要望塵莫及。

　　與其讓許多書在角落哀嘆等不到孩子的翻閱，為何不讓它們就出現在孩子們踏進圖書室就看得見的地方呢？這是獅湖國小最受孩子們喜愛的「主題書展」活動的緣起。

　　第一個主題書展，匯集的是來自臺北花卉博覽會的繽紛與感動，取名「讀花‧賞花」，展出書籍為自然科學類與語文類中有「花」的書，特別搭配的影音閱讀，則是我親赴花博現場拍攝的實境影片。

　　一個美好的經驗，往往是人們為目標繼續前進甚至追求突破的動力。從「讀花‧賞花」開始，每學期兩次的主題書展列車，為許多好書圓了與孩子近距離接觸的夢想，也為孩子們的學校生活帶來許多有趣或感人的故事。

　　2011年上學期，我舉辦「百科全書」主題閱讀，展出的書籍主要是在各校圖書室幾乎都乏人問津的《中華兒童大百科》，搭配的學習單任務是：從書上找出在自己生日那天，歷史上同日出生的名人。每一個班級進圖書室，總會看到孩子們興致勃勃地翻著書，互相分享：「我是歐巴馬總統！」「我是貝多芬！」某一節

課，有個孩子愁眉苦臉地跑來告訴我：「老師，現在我知道為什麼我媽媽那麼兇了！」我問：「為什麼？」他說：「因為她以前是恐怖的女巫！」

電影《總舖師》在某個暑假非常賣座過後，我們推出「各行各業的故事」，低年級學生的閱讀任務是找出書中提到的職業，中年級學生則是思考職業的辛苦所在，高年級學生的讀本是《第一百面金牌》。閱讀任務是寫出書中「鸞鳳拼盤」這道菜的「鸞鳳」是用哪些食材拼出來的，並且寫出對「辦桌總舖師」這種職業的想法，一名學習遲緩的孩子寫下：「原來煮東西給人家吃，也可以很厲害！」行行出狀元的種子，已隨著書展在孩子的心田播下。

說再見，盼重逢

除了以「主題書展」來向孩子們推銷各種類型的書，我還用「專書導讀」來提升文本的友善性，對孩子們來說，越高年級的書，越不友善。

「專書導讀」每學期為每個班級進行一次，每次介紹一本共讀書，預期的效果是：當導師在班上進行共讀時，孩子們已有相當的閱讀興趣。低年級的專書導讀大概會介紹二分之一到三分之二本書的內容；中年級大概只說四分之一本書的內容，因為孩子們已有較多的閱讀能力；至於高年級，除了介紹書的作者、篇章分配外，只抽取少部分的書中內容，然後搭配足以引發興趣的話題與素材（如：影片）來進行導讀，因為高年級孩子缺少的不是讀的「能力」，而是閱讀的「意願」，他們一旦願意閱讀，是最有能力和書交流思想及價值觀的群體，也是受影響最多的群體。

專書導讀的選書原則大致有兩個：一個是配合課程，另一個

是配合時事主題。所以大多有異動，唯獨六年級的學生在下學期
進行導讀的《再見天人菊》，已經持續許多年，像是孩子畢業前
必須經歷的閱讀成長儀式。

　　這本書的導讀，從熱愛這片土地、熱愛兒童文學，在罹癌後
依然寫著《魚藤號列車長》、但最終未能完成的作者李潼開始介
紹，那是高年級的孩子應該認識並且心懷尊敬的人。接著透過文
本內容摘錄，澎湖的地理人文鮮明地呈現在孩子眼前，學習生活
的喜怒哀樂在孩子的心中產生共鳴了，再透過文本與生活的連
結，離別相約再聚的情感浮現了。每每朗讀到陶老師因學生的自
我貶抑而憤怒激動的片段，總有些孩子收斂起原本還嬉笑的表
情，我不知道他們長大後，是否也能像書中的「小流氓葉英三」
一樣，成為很有成就的人，但我相信他們已接收到「沒有人應該
看輕自己」的鼓勵。而貫穿整個故事的「二十年後的相聚」，更
為所有的孩子開啟了「重逢」的等待。

與作家方素珍有約，活動前童詩仿作入選的學生，獲得作家
親筆簽名書和一份禮物。

仙女老師與《阿拉丁神燈》

從《阿拉丁神燈》開啟閱讀夢想的我如今當了老師，也擔任努力想點子讓孩子喜歡看書的「圖書教師」，歷經六年兩千多個日子裡，持續不斷地想點子，也努力把點子付諸實現，即使白髮一根一根冒出來也無怨無悔，只因為當了「圖書教師」，成為圖書室裡的「仙女老師」。

三年多前因家庭因素，不得不暫時離開圖書教師的角色，回到班級導師的工作，繼續我的閱讀推動腳步。我為孩子設計各種共讀課程，例如：讀《小恩的秘密花園》後，我們給小恩寫信，學會寫信之後，再讓孩子們給家人寫信，並配合社會介紹家鄉設施的課程，走到郵局去寄信；讀《我們班的小不點》後，我們學習畫心智圖，整理出文本中人物的特色，也觀察班上每個人的獨特之處（優點）。我們讀的每一本書，都努力設法和孩子的生活相連結。

就像我最初遇到的仙女老師，送給貧窮的我《阿拉丁神燈》一樣，我帶著孩子們在書的世界，尋找屬於他們的阿拉丁神燈——只要打開書並跟著書上的文字進入神奇世界，那些動盪的、缺乏的、不安的、畏懼的、迷惑的心，都將得到引導與撫慰。

回饋

擔任莉娟老師組訓的「愛書人小志工」，我學到很多，為了成為一個稱職的好書分享者，自己在讀完一本書會有更深的思考，而上閱讀課學習閱讀理解的過程，體會到學習的辛苦與進步的成就感。（學生盧昕渝）

黃莉娟

高雄市三民區獅湖國小圖書教師

小時候受益於老師給予課外讀物的滋養，
現在我也以帶領孩子們閱讀、陪伴孩子們
有豐實快樂的學習，做為教育生涯的理想
美境。

圖書教師的夢想與實踐

許慧貞

終於，成為圖書教師了！

　　我曾經夢想當一位兒童圖書館員或是學校圖書教師，因為在臺大圖書館學系的課室裡，我認識了兒童圖書館，並深切相信每位孩子都需要兒童圖書館，更重要的是，孩子們還需要兒童圖書館員，為他們搭起和書本之間的橋梁。

　　1990年大學畢業時，我確實曾圓了兒童圖書館員的夢想，只是兩年內先後「搞」倒了兩家私人兒童圖書館，於是結束那天真的年少夢想，甚至有兩年的時光，不願再碰任何「兒童閱讀」的相關議題。

　　還好，後來我成為小學老師，在班級一角規畫出小小的閱讀區，帶著學生們一起分享閱讀，領略兒童文學的趣味，也算得上是班上學生的專屬兒童圖書館員。2009年，意外領受了教育部的大禮物，正式成為學校的圖書教師，沒想到當初天真又傻氣的夢想，會在十九年後成真，那一刻，我真心感動得想哭。

　　由於，曾經在兒童圖書館跌跤，讓我學會謙卑，也讓我學會等待。我知道經營兒童閱讀，不是一蹴可幾的，孩子或許不會在你的引導之下，即刻愛上閱讀，但這種子有一天確實會在機會成熟時發芽，重點是在學習歷程中，常常有人和他們聊書。我擔任

高年級教師的重大使命多年，就是以一個資深讀者的角色，著力於經營學生對文本的領略感受，以及作者情意的傳達與導讀，我希望，孩子持續地會想去找書來閱讀，這是我擔任圖書教師最關注的工作重點與方向。

推動高年級年少文學導讀計畫

在閱讀理解策略教學正熱門的同時，以身為圖書教師的立場而言，除了關心學生篇章閱讀理解能力的提升外，孩子是否願意親近文本，尤其是高年級的孩子是否能拿起符合他們閱讀程度的少年小說、經典名著，將閱讀理解能力轉化為真正的閱讀興趣、實際的閱讀行動，更是我努力的方向。

因此，在我接任圖書教師的使命之際，即訂定五年級閱讀課程的導讀教學計畫，特別著重於扮演「鋪書者」與「介紹人」的角色，期待能將學校高年級閱讀護照的挑戰書單，介紹給學生並引領他們翻開書本「悅讀」。類似的任務在國外行之有年，通常是由圖書館員擔任，稱之為「booktalk」，在臺灣翻譯為書談或聊書。

我的導讀課程教學主要是以聊書的方式進行，依據自編的12個閱讀主題，由「自我成長」出發，漸漸擴及「同儕之間」、「家人之愛」、「愛與關懷」、「自然之愛」、「童年經驗」、「生命之美」、「兩性關係」、「人物傳記」、「史地故事」、「冒險與幻想」，再進入「戰爭與和平」（參見下頁表一）。在同一個主題下，我為學生推薦的書單，是以不同面向談論相同主題的作品，提供學生在閱讀時，有機會接觸同一主題下的多元觀點。

選書方向除了考量中西經典名著外，當代華人作家的優秀作品，也是重點選書之一，在推介的48本書中，每位作家最多以

選取一本為原則，讓學生有機會認識更多作家，擴充孩子的視野。利用五年級各班隔週排定的閱讀課時間，安排導讀課程，上下學期各進行六個閱讀主題的導讀教學，每次聊四本書，總共可為孩子介紹48本書。

表一　導讀教學大綱

閱讀主題	推薦書單	導讀書籍的「梗」
自我成長	《洞》	主角姓名Stanley Yelnats
	《小王子》	悠遊卡、筆記本、碗盤等周邊商品
	《齒輪之心》	能發出絕美音色的綠提琴
	《傻狗溫迪克》	令人悲傷又甜蜜的神奇糖果「力德莫斯洛丹」
同儕之間	《代做功課股份有限公司》	如果代做功課股份有限公司出現在班上……
	《我們叫它粉靈豆》	讓文具店老闆接受frindle就是pen的橋段
	《湯姆歷險記》	Google在馬克吐溫冥誕日設計的doodle圖案
	《石縫裡的信》	藏在美崙國中操場旁大石頭石縫中的情書
家人之愛	《鐵路邊的孩子們》	從封面猜測孩子和火車之間發生了什麼事？
	《爸爸的16封信》	林良和女兒討論面對失敗的因應之道
	《我那特異的奶奶》	奶奶深夜守候門前向火車揮手的影像
	《親愛的漢修先生》	主角為頻頻被偷的午餐，製作警報器
愛與關懷	《孤星淚》	《孤星淚》的原著《悲慘世界》預告片
	《她是我姊姊》	和學生們討論「取笑弱勢者」這件事
	《讓高牆倒下吧》	〈我只有八歲〉故事背景的新聞圖片
	《青銅葵花》	從班上學生動人的讀書報告切入

閱讀主題	推薦書單	導讀書籍的「梗」
自然之愛	《教海鷗飛行的貓》	笨貓答應臨死前託孤海鷗的三件事
	《天鵝的喇叭》	學習讀書寫字和賺錢的啞巴天鵝
	《狼王夢》	流放雲南的沈石溪，觀察與研究動物的能力
	《魯道夫與可多樂》	可多樂即將遠渡重洋的主人，教牠認字求生
童年經驗	《丁小飛偉人日記》	重度電玩迷小銘的第一本愛書
	《屋頂上的野餐》	瑪蒂異想天開地撐開傘，從屋頂上跳下來
	《悶蛋小鎮》	作者張友漁的另一部作品《我的爸爸是流氓》
	《城南舊事》	日後國中國文課本，必定會再讀到林海音的作品
生命之美	《陪我走過1793》	1793的黃熱病 vs. 現代伊波拉病毒
	《夏之庭》	書中好奇的小男孩想觀察「人是怎麼死的？」
	《收藏天空的記憶》	以個人曾在死亡邊緣徘徊時，掛心兒子的心路歷程，分享書中媽媽的心情
	《星星婆婆的雪鞋》	「要試過所有的方法，才願意死去」的勇敢老婆婆
兩性關係	《地圖女孩 vs. 鯨魚男孩》	情書被仰慕者公告周知的女孩處境
	《二哥情事》	刻意打扮自己卻獲得反效果的女主角
	《十三歲新娘》	13歲臺灣女孩 vs. 印度13歲新娘
	《魔法灰姑娘》	讓「聽話」整慘的女主角

閱讀主題	推薦書單	導讀書籍的「梗」
人物傳記	《新臺灣之光100》	新臺灣之光「100」，卻只介紹99位人物
	《紅樓夢》	曹雪芹家族曾經的輝煌景況，處處現蹤賈府
	《史記：精采生動的人物傳記》	漢高祖皇后虐殺王妃成「人彘」
	《雙Q高手：孔子》	「雙Q高手」是哪「雙Q」？
史地故事	《少年噶瑪蘭》	在草嶺古道躲雨，卻意外穿越時空回到過去
	《三國演義》	生活中處處有三國
	《愛‧回家》	從繪本《開往遠方的列車》帶入孤兒列車故事
	《美麗眼睛看世界》	觀摩桂文亞如何寫遊記
冒險與幻想	《晴空小侍郎》	莫怪樓中傻呼呼的笨鬼們
	《手斧男孩》	想像手斧男孩如何在加拿大原始森林活下來
	《烏龜也上網》	為人實現三分鐘願望的會上網烏龜
	《西遊記》	旅行社規畫出一套「西遊記」的旅遊行程
戰爭與和平	《戰馬喬伊》	2012年改編成電影《戰馬》預告片
	《小英雄與老郵差》	小英雄如何「欺負」日軍的衣服
	《安妮的日記》	同主題的電影《偷書賊》預告片
	《湯姆叔叔的小屋》	歷史背景相同的電影《自由之心》預告片

導讀教學的上課方式，概述如下：

主題概說探討

就所探討的閱讀主題，帶領孩子一起思考討論，為什麼我們必須閱讀這個主題的書籍。邀請學生一起討論，以激發學生的學習興趣與閱讀動機；此外，在歷經思考的過程後，學生將會更有目的性地閱讀，增加對文本的領略能力。

主題選書導讀

導讀之前，研究者先熟讀文本備課，尋求與學生對談的「梗」，並蒐尋是否有文本相關影片，讓導讀課程更具動態多元性。導讀時，研究者以課前所準備的聊書資料和學生互動，例如：說明故事背景知識，或是描述其中的部分精采情節，或是讀一小段引人入勝的小故事，或者僅單純地分享研究者對導讀書籍的熱愛原因。

完成上課主題的聊書筆記

請學生記錄課堂中印象最深刻的故事情節或人物（請見下頁圖），藉由學生的作品，一方面讓研究者了解學生們對上課內容的看法，例如：哪些書是學生回饋最熱烈的？學生們感興趣的梗是什麼？哪些書學生的回應不如預期？透過以上的學生作品觀點，研究者可藉以調整日後的選書以及聊書策略；另方面，藉由寫作聊書筆記，可以幫助學生大致回顧課堂內容，並記下自己日後會想借閱的書。

在為學生導讀文本的教學過程中，我會與學生交流彼此對故事的看法，從學生課後對導讀書籍的閱讀期盼，正可印證即使是閱讀態度漸趨負面的高年級學生，還是有機會喜歡上閱讀。

| 學生的聊書小筆記。

少年小說的班級讀書會實務分享

　　身為圖書教師除了為五年級各班進行導讀教學外，為了引導學生彼此聊書，讓孩子有機會和同學們分享彼此的閱讀心得，因此我在擔任導師的班級，特別規畫出讀書會時間，為孩子製造和同學聊書的機會，藉以提供他們更多元化的思考空間，提升其閱讀品質。

　　班級讀書會的課程安排，我是利用課表所排定的彈性課程時間，規畫出每週一堂讀書會課程，採全班共讀同一本書模式，一學期安排一本書，每週就所規畫的章節閱讀進度，進行該章節的討論。

　　閱讀感覺的分享是讀書會很重要的一部分，所以在選擇討論的書籍時，老師本身對所討論書籍是否有自己的感動與看法，是讀書會成敗的關鍵。讀書會剛開始時，難免會有冷場，老師得率先與孩子們分享自己的感覺與想法。所以選書與讀書會之前的閱

讀準備，是老師很重要的功課。

Adam Chambers 在《說來聽聽》一書中提到，讓孩子漫無目標、天馬行空地發言，常因未能聚焦於文本，導致失去讀書會討論的意義。因此，班級讀書會在討論活動進行時，我就是依 Chambers 的建議，分別就書中「喜歡的部分」、「不喜歡的部分」、及「看不懂或想討論的部分」，引導孩子們進行思考。教學實施方式規畫如下：

讀書會前討論準備

在讀書會前一天，請學生閱讀討論章節時，先就書中「喜歡的部分」、「不喜歡的部分」、「看不懂或想討論的部分」進行思考，並寫下三個問題，以便在讀書會課堂中提出。

課堂討論引導

將黑板區分為三個區域：「喜歡的部分」、「不喜歡的部分」、「看不懂或想討論的部分」，鼓勵學生分享前一天所思考的問題，並由研究者將問題簡要寫在黑板上。待提問告一段落，再引導學生統整各問題間的關係，並鼓勵學生自由說出他們的看法（請見下圖）。

| 教師利用黑板，引導學生進行討論，並思考統整問題。

學習單寫作

張曉風在〈開卷和掩卷〉一文中提到：開卷而讀，是為了吸取資料和知識，但是吸取資料和知識，只不過把人變成「會走路的電腦光碟片」而已，並不能使自己摧心動容。蘇轍的詩中有一句：「書中多感遇，掩卷輒長吁。」掩卷就是把書合起來，如果我們只會對學生耳提面命「開卷有益」的道理，孩子卻始終不能領悟「掩卷悲喜」的靈犀，那麼即使讀書破萬卷，充其量也只是個「會走路的電腦光碟片」。

Chambers 也指出：很少人能夠熟記一本書的每個情節，正因如此，當再次翻閱讀過的書時，我們可能會像發現新大陸般，發現之前未能注意到的部分，並因此對該書有不同的看法或觀點。所以，如果我們能對讀過的書做簡單的記錄，那對書中的情節將更印象深刻，也會增加閱讀的樂趣。孩子也是如此，如果在閱讀時沒有留下任何紀錄，老師和其他人又如何得知孩子的閱讀歷程？所以每個孩子都有必要學會記錄他們的閱讀筆記，保留下來，並善用學習檔案。

綜合上述，在讀書會課程結束後，我請學生將想法稍做整理，將自己對討論章節的喜好、觀點、感情和關聯記錄下來，完成學習單。學習單除了有練習寫作的功效外，更是一份關於思想、智慧的珍貴成長紀錄。

集結學習單成冊

整本書的讀書會討論結束後，我請學生將本學期所有討論的學習單，裝訂成冊，自己設計封面、寫序，也邀請孩子的家長書寫「他序」，並於班親會時展示給家長們欣賞（請見下頁圖）。

在歷經一整年的讀書會課程之後，從一開始課堂上的靜默，

到後來搶著表達意見的熱烈情況，這是我經營讀書會課程上，最大的成就感。此外，在讀書會學習單的寫作上，學生從簡單的一兩句話回答，到後來主動提出對文本內容的想法，並延伸到對現實生活的相關見解，也是我從班級學生作品所欣見的閱讀成果。

| 學生將學習單裝訂成冊，自己設計封面。

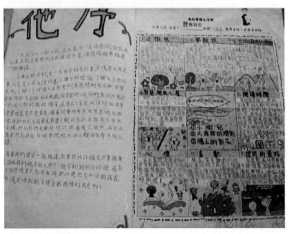

| 裝訂成冊的學習單，邀請家長寫「他序」。

結語

　　離開圖書館界十幾年之後，擔任圖書教師的夢想終於得以實現，對於這份遲到的禮物，我抱持著誠惶誠恐的態度，在這夢寐以求的工作崗位上努力。我想方設法地為全校孩子打造多元的閱讀環境，期待讓圖書館成為孩子在教室之外的另一個學習場域。校園生活會有終結的一天，而圖書館會永遠在那兒等待他們的造訪，期待我們的孩子都能隨時在圖書館裡，尋獲面對每一個人生階段所需要的生活智慧。

撰文者簡介

許慧貞

花蓮縣花蓮市明義國小圖書教師

畢業於臺灣大學圖書館學系，夢想成為兒童圖書館員，在服務的私立兒童圖書館相繼閉館之後，努力成為一位小學老師，想著自己其實「也算是」班上學生的圖書館員。2009年，教育部試辦「國民小學圖書館閱讀推動教師」增置計畫，終於夢想成真，現在是全校孩子的圖書館員啦！

6

BRAVE——
我的「英閱」勇敢之旅

林心茹

閱讀冒險，勇敢啟程

　　我的閱讀冒險旅程要從 2009 年說起。那年我借調至教育部國教司（現為國教署），負責「悅讀 101——教育部國民中小學閱讀實施計畫」，推動全國圖書及閱讀業務，其一創新子計畫——「圖書館閱讀推動教師」，在當時臺灣師範大學陳昭珍館長（現為教務長）奔走，以及「有了書，更重要的是還要有推廣閱讀的『人』」的疾呼下，獲得教育部的支持。計畫也輔以「圖書館經營」與「閱讀推動」兩大面向的培訓課程，奠定圖書教師推動閱讀的基本功。

　　雖然當時我是在業務單位，但培訓的內容實在太吸引人，我竟也陪著第一屆的圖書教師完成了初、進階課程。這些課程開啟了我的視野，「圖書教師是一位教師、教學夥伴、資訊專家，也是行政管理者」，原來圖書教師有如此有趣、有挑戰性的樣貌。自己本身就是愛書人，喜歡被書環繞的氛圍，同時我也察覺到當時學校的圖書館一直處於「欲使用圖書室請先至辦公室領取鑰匙」的狀態，於是萌生了打開圖書館大門、要讓書香滿校園的念頭，這樣的熱情與想法鼓舞著我提出申請計畫。終於在 2010 年 8 月懷孕 33 週的我，正式踏上了圖書教師的冒險旅程！

　　即使我早做好想像與現實是有差距的心理準備，第一次打開圖書館時，一排排單調的綠色塑鋼書櫃、實驗室用的桌椅，陣陣的霉味，幾面牆上還貼著「石塊掉落請勿靠近」，這些場景馬上把我拉回到現實世界！那時不怕死的我心想應該沒這麼誇張吧！渾然不知這個空間是個不定時炸彈。基隆在教育經費上的不足，也反映在圖書館預算編列上，因此圖書館漏水問題，學校也沒錢可處理，每當外頭下大雨，館內就下小雨，接著就是到處鋪著報紙、抹布的景象。更別說買書的錢了！沒有優質、持續更新的多元圖書，館藏就如同一灘死水，該怎麼開展閱讀活動與課程呢？圖書館是學校的心臟，但眼前這個環境給學生的暗示卻是——學習是單調、無趣，沒有挑戰性的。

愛的書庫，活用書cool

　　正為沒錢沒書發愁時，忽然靈光一閃——「愛的書庫」、共讀資源不正是我們需要的嗎？基隆仁愛國小成為書庫學校不但有圖書可支援教與學，更能和其他學校共享資源，提升基隆的教育品質，何樂而不為！於是我趕在暑假送出「愛的書庫設置計畫」，並利用社群網絡力量爭取市民連署。而如預期的，有了一百二十箱中英文共讀資源融入課程，不但晨讀選項更多元，課程也更加活潑豐富；全校性的主題書展、與作家有約活動，有了共讀書箱的支援，更能凸顯書展的主題目標，也齊備了主題圖書的品質，師生更能深入了解作家的多元創作！

沒有遇過困難，就不認識勇敢

　　我真的是在當了圖書教師後，才學習如何當圖書教師的。一開始鑽研最多的應該是「花小錢空間大改造」，那時舉凡報廢課

桌椅、木板、布料等，都被我這位資源回收隊長撿回，在志工、校工的巧手下，賦予這些物件不同的樣貌與功能，有了小組討論區、展演區、主題書區，各種新鮮的空間規畫，吸引孩子進來，圖書也流通起來。感覺閱讀業務才剛上軌道，其實真正的冒險才剛開始！

2012年5月9日上午，六年級學生上完閱讀課，前腳才離開圖書館，上頭輕鋼架就一直發出「達達達」的聲音，接著是物件被用力扯斷的巨響，然後發生不可思議的事情！天花板沿著牆邊，「砰！」的一聲塌在學生剛坐過的位子上。等飛揚的塵土及心情稍稍平息後，走近查看，原來是天花板的水泥塊嚴重剝落，慘不忍睹！

預測未來的最好方式，就是去創造它

2012年7月天花板再度大範圍坍塌，我與幾位教師夥伴決定立刻採取行動，先申請小額經費，將三間閒置教室打通成一間圖書室，一開學就動用全校師生接力搬運書籍，後續再爭取空間改造經費補助，打造師生心中夢想的圖書室。

現在回想起來，那時的我完全忘記掂量自己的斤兩，只知大無畏的向前衝。真的，沒有什麼比「勇敢」BRAVE更能代表仁愛國小圖書館的精神。從接下圖書館工作的那一刻，不斷突破現狀，翻轉劣勢為優勢（Breakthrough）；逐步開展多元、以學習者為中心的服務（Readers' Need）；出動書車宅配書箱，讓師生親近圖書更便利（Accessibility）；支援主題閱讀，跨域協作（Variety）；還有營造以樂趣（Enjoyment）為優先的閱讀情境。一路走來，以BRAVE為精神 ，也以BRAVE為推動策略，一步步地打造閱讀學校。

Breakthrough 突破現狀，與時俱進

從為圖書館找書、找經費的經驗，我體認到求人不如求己。於是我們推動願望書目圓夢閱讀活動，鼓勵師生提出「願望書單」，共同存款購書；並從校外爭取資源，獲得誠品基金會閱讀計畫的支持。我也發現分散在各個英文教室裡的 *The very hungry caterpillar*、*We're Going on a bear Hunt*，以及英文字典等都各有超過六十冊的複本，原來許多計畫補助的經費，因各處室間沒有整合，造成資源重複投入。我們是圖書預算拮据的學校，購書經費要花在刀口上，鼓勵老師利用免費的共讀資源。在如此校內外資源整合下，我們的館藏量在 *2015* 年達到了兩萬多冊。

除了紙本的圖書資源，免費的數位資源，更是可善用於支援教與學的利器。學生專題研究的資料來源多是網站或紙本圖書，我正好可將公共圖書館數位資源引介給他們。例如進行「鐵道」的專題研究時，學生就能探索運用與主題相關的「臺灣古蹟資料庫」，以及其他歷史類資料庫，或是新聞資料的「聯合知識庫」等。

我也注意到在國外唸書時，曾看過優質的英文繪本資料庫，例如 Tumblebooks、Bookflix 等，在臺灣的公共圖書館居然也能找得到，可惜利用的人不多，於是透過圖書教師培訓、公共圖書館英文閱讀講座的機會，我帶著家長、老師認識這些資源，希望這些都能成為孩子校內外學習與探索的養分。

在推廣圖書資源時，我發現課堂中的普遍現象：老師花很多時間教學生學習閱讀（learning to read），卻很少有時間讓孩子可以透過閱讀來學習（reading to learn）。英文課堂，更是如此。所以優讀者可以自由閱讀，跟不上的孩子，要反覆背誦單字句型、

寫更多的練習題，這樣是否更加深英文能力的鴻溝呢？

　　如何協助這些孩子找到愛上英文、提升能力的方法呢？我深信閱讀是唯一且最有效的途徑。於是，我請英文老師推薦學習弱勢的孩子，協助他們辦理臺北市圖書借書證，我們利用圖書館三部舊電腦、四部平板以及三部 Eee PC，還有公共圖書館數百本免費的英文電子繪本。*2011* 年 *9* 月英文電子書午間共讀俱樂部終於開張了！

Readers' Need 讀者需求，多元服務

　　第一次聚會，這些被指派來的學生個個面有難色姍姍來遲，因為聽說要來這裡「加強」英文。後來他們發現這位老師蠻有趣的，大聲唱英文歌、用英文跟他們討論夢遊（sleepwalking），朗讀了一本好笑的 *50 Below Zero*（爸爸夢遊走睡在家中各角落的故事），讓他們用電腦調整閱讀速度和夥伴一起讀故事，最後還玩英文遊戲。第二週我還在學務處吃午餐時，原本不甘願來圖書館的學生，一直催著我趕快去開門，等著要聽今天的故事！一個學期下來，我們至少讀了 *12* 本英文繪本，孩子喜歡我們一起讀過的每一本書，也喜歡他們自己在家獨立閱讀的故事，他們常覺得共讀的時間太短！這就是閱讀最棒的地方，在提升語言能力的同時，又讓人感受沉浸其中的喜悅，他們不再是那些曾經懼怕英文的孩子，因為閱讀讓他們變得不一樣。

　　這些英文資料庫中的繪本，因不同的主題、內容、文體、句子結構，以及是否可從插圖推測文意等的文本特徵，每本都有不同的分級標示，這給了我將館內英文圖書分級的靈感。我們的英文館藏原以 *44* 個主題區分（e.g. Family, Colors, Festivals, Friendship, Days of the Week, Poetry…）本意在便利師生借閱，但很多

主題的書從易到難都有，運氣不好的話，有很高機率會借到完全看不懂的書，所以英文書的讀者向來都只有英文老師，真的很可惜。

孩子們從英文電子書午間共讀俱樂部中，發覺英文閱讀的樂趣。

Accessibility 適性引介，激勵閱讀

為了將英文館藏有系統地分級，我參考了 *Guided Reading*（Fountas, Pinnell, Morse & Fountas, *2005*）書中的 *26* 個分級，並依指導英文閱讀與文本分析的經驗，簡單畫分出國中小六個閱讀階段，列出各階段閱讀行為以及文本特色（請參閱「英語閱讀，不難」網站：http://twlyf2009.wixsite.com/english/standards）。依照這些指標將英文圖書分級（建議圖書教師與英文老師協作分級工作，彼此都將更加認識館藏內容以及文本特色）。

館藏分級制度建立後，能為讀者帶來不同的學習體驗。教師進行彈性的閱讀能力分組也更加方便，如橙級的學生可選擇稍簡單的紅級書閱讀，或挑戰上一級的書；分組後，同一級別的讀者

選書更便利；館藏持續發展時，更清楚必須擴展哪些級別的書以符合讀者的需求；更棒的是同一級別內有多元文本，孩子在能理解的範圍，自由選擇喜愛的主題。

在促進英文圖書的流通後，我同時也想追蹤能力的進展，因緣際會下我們加入了香港大學推動的 Reading Battle 英文分級閱讀線上檢測平臺計畫（以下簡稱RB）。還沒有養成英文閱讀習慣的孩子，一開始接觸RB平臺會說：「老師，閱讀大挑戰好難喔！」、「RB的題目我一定都不會答」他們還沒閱讀前，就先有了「英文好難」的預期心理。我反問孩子：「真的嗎？那你選書了嗎？讀了去答題了嗎？」「還沒！」「那等你試過後再來跟我說！」後來多數孩子開始閱讀後，一頭就栽進RB裡了，我觀察到他們運用許多閱讀策略，例如，用圖猜字、遇到不確定的答案再次回到文本裡頭找、邊讀邊解題、小組共讀完後個別去做答、重讀以確認問題的重點是什麼。看到他們越來越投入其中，「英

| 學生閱讀完分級繪本後，在共享平台上可選擇以影像、聲音或文字，記錄閱讀的內容或感受。

文好難」的聲音也漸漸消失了，反倒是開始抱怨有些RB的書，圖書館沒有。

Variety 多元閱讀，全面成長

RB第一年成功推動，要歸功級任老師將英文閱讀列為暑假重點作業。我們在圖書館設置RB專區，暑期無休，讓學生在館內閱讀並進行檢測，有的學生組成讀書會，輪流至圖書館借書、共讀，分別上機檢測。而圖書館團隊更貼心地把平臺上在International Children's Digital Library（ICDL）可以找到的書，或是Youtube上圖書的相關連結，全部列入書目清單，如此孩子閱讀時就有影音的輔助。RB平臺上幾乎都是香港、美國的學生，但是基隆仁愛國小的孩子在閱讀量與檢測成績的表現，從2015年至今都持續有優異以及飛躍進步的亮眼成績！

學生在RB平臺的表現，讓我看到閱讀確實有助字彙發展、文法、拼字以及理解力，就像蓋房子時要砌磚塊一樣，一層穩固了才再往上疊，能力是逐步積累的，真的就如同英文諺語所說的："The more you read, the more you know; the more you know, the smarter you grow."

學習資源真正發揮功用了，孩子的能力也必然成長。在一次與家長閒談中，我發現新住民家庭對公共資源不甚熟悉，因此利用暑假，帶領新住民家庭認識公共圖書館數位學習資源，指導他們線上辦證、利用資料庫協助孩子學習，他們對臺灣公共圖書館提供豐富的服務與資源感到訝異。關注不同讀者需求，提供適切的服務，圖書館真正成為提供多樣資源、正確運用科技、獲得並使用資訊的場域。

Enjoyment 發掘書中的寶藏與樂趣

「Sign in please」英文電子書共讀俱樂部要開始囉！雖然圖書館網路常不配合地以龜速連線，但還好有熱烈的討論和有趣故事線，我和孩子仍能一起享受午間美好的閱讀時光。從 *2011* 年開辦的共讀俱樂部，經常在開始報名的第二天就額滿了。還記得每學期必讀的〈*Duck! Rabbit*〉，非常受到小朋友喜愛，大家都在紀錄表上畫了大大的:)。但因電腦、平板數量有限且老舊，加上原本網速就慢，多部電腦連線更是拖慢速度，所以英文俱樂部只能維持小小的規模，人數一直限制在 *12* 人，其實光是課前解決網路不聽話的問題，就讓我一人手忙腳亂，經常連午餐都沒時間吃！而在 *2016* 年我的健康陸續出現一些狀況後，不得不暫時停止這個午間課程。

不過我還是持續在任教的班級帶領英文閱讀。Nothing without Joy，讓孩子享受閱讀的樂趣是最重要的，每次我只專注引導一個焦點小組，其他組別的孩子依循簡單的「預備」、「實做」與「反思」三步驟自主閱讀。英文老師先依孩子能力進行分組，協同教學時，圖書教師以及英文老師各進入一個焦點小組帶領閱讀，其他小組學生挑選自己喜歡的分級文本後，選擇獨立閱讀或夥伴共讀，接著重讀（可在 Youtube 找圖書相關影片）、在組內進行分享、討論，最後在共享平臺如 Google Classroom 上，以句子、主題字彙或圖畫，留下每一次的閱讀紀錄。

對於弱讀者，更要注意他們所選文本是否符合閱讀能力，能夠讀得懂、讀得流暢，才能建立信心與興趣。當然最重要的，就是儘可能每天都安排孩子們閱讀及討論的時間，如此下來，會看到原本抗拒英文學習的學生，成為渴望閱讀的人，這就是「閱讀的力量」。

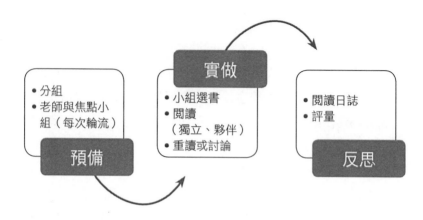

- 分組
- 老師與焦點小組（每次輪流）

預備

實做

- 小組選書
- 閱讀（獨立、夥伴）
- 重讀或討論

- 閱讀日誌
- 評量

反思

獨行快，眾行遠

　　初任圖書教師的頭幾年，雖然常得不到行政的支持、經費的挹注；雖然常要單打獨鬥、心力交瘁；但圖書教師的工作不全然都是苦的，我有著一路陪伴、支持我的學校夥伴、圖書志工團隊，我也經常在各種假日研習場合遇見臺灣各地的圖書教師，和他們一同更新教學技術，相互鼓勵，把握交流合作的機會。感恩有幸能成為圖書教師，有人說我們改變了校園的閱讀文化，但惟有我們知道是閱讀改變了我們！在開闊視野的同時，我們更能反思閱讀理念，得到實踐的動力，因此許多有圖書教師的學校，一所一所都成為閱讀的學校！

　　美國教育家杜威曾說：「黃金時代在我們的前面，支配想像的是未來。」我也鼓勵圖書教師們勇於創新、大膽想像圖書館的未來，帶領孩子以閱讀創造屬於他們的未來！

回饋

　　謝謝心茹老師，一直為推動仁愛國小孩子的閱讀努力！不僅開啟中文閱讀旅程，現在更帶領孩子步入英文閱讀的殿堂……

　　小五的暑假作業英文閱讀大挑戰（Reading Battle）激起了幾位從小一起長大的孩子們的鬥志，去圖書館借書，各自在家閱讀、線上作答，再互相分享、推薦有趣的書本，這種互動的學習真棒！好靈活的暑假作業呀！（祐愷媽媽）

撰文者簡介

林心茹

基隆市仁愛區仁愛國小圖書教師

覺得自己像長不大的彼得潘，愛孩子、愛玩樂也愛做夢，打造圖書館為夢不落國度，裡頭有探索的養分，想像的翅膀，孩子可以盡情飛翔！

7

撒「網」全世界──
聊聊數位學習、科技融入

陳芳雅

「數位」縮短科技與教育的距離

　　很多學校老師都是負責圖書館業務之後才開始認識圖書館、了解圖書館，我也是其中之一。當初為實現年少開書店的夢想，而走進學校圖書館的世界，以為用書店經營的角度，就可以把圖書館推動得有聲有色，實際接觸後才知學問無限大及自己的不足，於是報名了瑞蓮老師在新竹教育大學（現已併入國立清華大學）開設的國小圖書館管理學分班。後來成為國小圖書館閱讀推動教師後，一次又一次的培訓、歷練，再加上就讀國立政治大學圖書資訊與檔案所數位碩士在職專班及博士班，於學理與實務交錯薰陶下，我對於本校圖書館──大河馬書房的定位不斷更新，視野與思維也不斷變遷擴大：從「癮享力」──沉浸於書本、享受文字帶來的悸動與喜悅；到「引想力」──透過閱讀策略的學習與閱讀理解能力的提升，讓想像力與思辨力隨著一本本神奇飛天書，穿古越今預見未來；終能成就「影響力」──閱讀的目的不只在閱讀本身，而是閱讀後在自我實踐與對周遭人、事、物的關懷與擁抱，成就作為一個知識分子對社會、生態、環境責無旁貸的使命感。

　　為了落實上述三部曲，圖書館利用教育、閱讀素養教育、資訊素養教育是核心工作，一開始透過辦理各種有趣、有目的性的

活動，及一次次的教師精進研習，希望閱讀的種子可以在學校各個角落生根，讓圖書館在生、親、師間不斷刷著存在感，到後來即使沒有辦活動，圖書館還是在所有老師的積極帶領，及孩子們自主自發下門庭若市。不僅如此，將資訊素養課程、探索式學習導入各領域課堂，透過老師從主導者退居協助者與課程設計的方式，期能提升孩子們合作、批判及解決問題的能力。

然而，我們還是從來沒有停止思考：這樣的圖書館就堪稱學校的心臟嗎？尤其在訊息大量爆出、各放異彩、真假難辨的資訊時代，科技、人工智慧快速發展的每一小步，都不斷逼迫著我們的生活模式產生大步的遷移，圖書館這顆心臟要怎樣繼續跳動，才能讓我們的孩子們活躍於這樣多變的社會？

都說教育的目的是讓孩子培養迎向未來，能帶著走的能力，如此教育界對外界的發展與變化更該關注，不應畫地自限，畢竟不了解周遭甚至世界瞬息萬變的趨勢，如何能知道孩子們需要怎樣的能力？教室現場數十年如一日到底是擇善固執、莫忘初衷？還是食古不化、敝帚自珍？又是否課程中有操作平板、有觸控螢幕、甚至玩 AR、VR 或數位遊戲、下載 APP 就能稱為智慧學堂？也許有人認為圖書館閱讀推動教師，旨在提供讀者館藏的獲取及閱讀的推動，這些典範變遷、科技、數位等等，似乎跟圖書館搭不上線，但是，身為學校心臟——圖書館管理者的我們認為，只要跟孩子們學習有關的事，都是圖書館該提供的服務，而「閱（越）讀」該有它更廣泛的定義——不設限、無極限。

當然，教學的核心並不在使用或不使用科技，而在如何提升學習者的學習沉浸度與學習成效。所以，如果科技的融入無法達到上述目標，那硬是要把科技融入教學是無意義的，同理，如果使用科技其實是可以提升學童學習興趣，更重要的是達到更好的

學習成效,那麼,不去接觸、不去理解、不願嘗試也難杜外界亟思教育改革的悠悠之口。

| 學生在課堂上體驗AR。

引燃「數位學習」、「數位閱讀」的打火石

在實體教室下接受教育的我,總在師生間、生生間面對面的互動中,或欣喜、或挫折的學習、成長,於是也認為只有人跟人直接、實體接觸才能有溫暖的傳遞、情感的交流。然而就職後的忙碌與有家有兒的羈絆,讓不斷想精進的我不得不選擇遠距教學、線上課程。從英語學習、學分班到碩士學程;從私營企業到高教組織;從非同步無互動的自主學習、非同步有測驗有規劃有助教緊盯的學分課程,到師生同步上線、大量議題討論、分組合作學習、高門檻作業要求的數位碩士在職專班,這樣的「數位學習」歷程,翻轉了我對「遠距」與「線上」的偏見。

雖然面對的螢幕是「冰冷」的,但師生、生生間的交流熱情經常爆表;雖然組內合作時沒能圍在有著咖啡點心加持的桌邊討

論，但繞著雲端同步或非同步的思辨更顯績效，再加上彼此線上的相互提攜及偶爾的言不及義，在在都讓學習的流動無遠弗屆、人與人的交流隨時發生。誰說「數位」只能產生「淺學習」？搭設好的學習鷹架、設計好的教學策略及學習內容，透過優使性強的學習平台，這種能彌平空間與時間隔閡的數位學習，不啻是想跨域、跨界學習的一種選擇。於是，身為教師的我當然也就不排斥透過這樣的學習模式帶領學生、進行教學。

我在2008年曾加入國立臺灣師範大學陳昭珍教授的數位閱讀（電子書閱讀）教學計畫案，班上每位孩子都有內建200本電子書的平板，為期十週的教學過程中，學生可以利用平板閱讀，當然也可以利用平板，做任何平板可以做的事，例如：上網、聽音樂、利用網路社群媒體與朋友聯繫或討論等。

十週的教學案結束後，我請學生寫下閱讀電子書及紙本書的優缺點，除了電子書（200本）的選擇性沒有紙本書高外，同學寫下電子書的優點，不外是可以一次帶兩百本書、可以一邊看書一邊查資料一邊聽音樂（多工）、字體可以放大縮小等，而缺點則是會當機、常常看到一半沒電、怕摔壞（這是2008年的狀況），還有影響視力等。至於針對紙本書寫下的優點是不用充電、不會摔壞、不會當機等，紙本書的缺點則是一次只能帶幾本、字體不能放大、不能同時查資料等，看出來了嗎？屬於數位原住民的他們，無論是評論電子書還是紙本書，用的參考點都是電子書，只有一位小朋友提到紙本書的優點是：有書香、有翻書的感覺，著實令坐擁詩書便是仙的我既感動又感慨。感動的是，這位小朋友對書本紙張的感覺與癡迷，與我心有戚戚焉；感慨的是，面對幾乎是數位原住民的學生，帶領著他們的我們（老師）也必須扛起滿滿的「傢私」，轉移陣地，做個數位新移民了。

小孩都到網路上去了，我們還能在這裡守株待兔嗎？

| 學生一起閱讀説明書，組裝機器人。

數位科技融入學生學習的思辨歷程
——建立核心價值

　　都說教育制度像月亮、初一十五不一樣，在這變動的時代，沒有人可以窩在過往成功的經驗下長期取暖，不斷地因應變遷、修正、創建是維持卓越的不二法門，想要超車（超越）的第一步不是狂踩油門加速，而是變換跑道。業界如此自我砥礪，肩負興國的良師也該如此自我鞭策。大河馬書房走過與所有圖書教師一樣披荊斬棘的歷程，因此也獲得閱讀磐石獎肯定。但我們的腳步沒有停歇，除持續著力在閱讀推廣三部曲上，還開始將本來帶狀推動的數位閱讀、數位學習、科技融入等教學，放在接下來的重點執行目標中。

　　2010年，也就是接觸本校圖書館運作的隔年，我申請了圖書館閱讀推動教師計畫，申請的目的是為了接受培訓、為了知道其他圖書館管理者在想些什麼？做些什麼？果不其然因之開拓了視界。除了推動各項圖書館活動、政策及閱讀家庭借書證等，在

生、親、師間刷圖書館存在感外，也為全校申辦國立公共資訊圖書館（當時為國立臺中公共圖書館）的數位借書證，並積極推廣數位資源、資料庫、電子書的使用與可支援教學的模式。為了提升自己對數位閱讀、數位學習的認知，跑去國立政治大學圖書資訊與檔案學研究所進修，並加入陳志銘老師的數位學習實驗室，之後學以致用，將數位閱讀中之合作學習、問題導向學習（PBL）及數位閱讀標註系統等，融入本校閱讀、資訊素養專題寫作及特色課程中。

數位融入教學是以學生學習為中心，讓學習內容及欲提升的能力，透過科技面及協助者（老師）讓學生以多元、多面向的方式達成目標，而這也亟需跨領域的合作與備課。所謂的跨領域包括集結校內各領域的老師形成的專業社群，也包括納入在地產業、組織，及國內、外大學相關的系所資源。另外，透過學習平台後端的歷程記錄與數據分析，可以掌握全體與個別的學習細節，讓老師評鑑自己的教學成效，也可針對個體的學習表現給予個人化的指導與協助，一旦累積大量的學習數據，即可依此建立學生的學習常模，提供設計學習方針與教學策略的參照。

充滿好奇心、永感不足的我，除了參加教育團體公辦或私辦的研習外，也喜歡參加業界舉辦的論壇或研討會。因為如果我們希望孩子能具備未來公民的素養與能力，就不能自絕於外界如何造成、如何面對、如何因應這股巨大變遷的洪流。都說：「學而不思則罔，思而不學則殆。」所以即使下班後好想悠悠哉哉地追劇、揪團出遊，但還是在頭殼突然秀逗的瞬間，報考博士班，在「詰屈聱牙」、「艱澀晦澀」的學術理論與「鞭弩策蹇」的教授間，一邊求生存一邊汲取古今中外積累的智慧，就是期望我們在孩子身上做的事，是有理念的、有成效的，而非只是自我感覺良

好的熱忱。

　　某次申請桃園進階閱讀指導教師證照時，評審疾言厲色問我：「妳覺得推動閱讀只憑熱忱就夠了嗎？」當下雖然我很想回答她：教師沒了熱忱，教育就淪為餬口的工作。但細細思量，「熱忱」是身為教師的門檻，過了門檻還得有「專業」，才能成就有效度的教育，尤其現下，跨領域學科專業能力、科技使用能力、終身學習能力，都是圖書教師必須協助學生培養的公民素養，我們當然也該這樣培養及充實自己。每每面對艱難的博班課業、如天書般的學術論文，就一方面激勵自己不是自詡為閱讀專家，怎可能讀不懂？一方面更能體會孩子們面對超過現階段理解能力的文本，要解決問題、要升級蛻變前的辛苦。

| 學生學程式玩機器人。

數位科技融入學生學習的實踐歷程
——我們一步一腳印

　　主動跟高等教育殿堂接觸，讓「圖書館」與「閱讀」，在我的心裡開始重新發酵：不設限、無極限。好幾年前就在圖書館旁

物色了一間教室，因為經費限制，我們慢慢的、一點一滴的、想方設法建置較陽春的科技融入探究式學習的教室，後來得知三星與台灣閱讀文化基金會合力推動智慧教室計畫，立馬籌組團隊很誠摯、很務實、很認真寫了競爭型的申請計畫，能在眾多申請的學校中脫穎而出，可能是因為我們一直都是閱讀基金會推動的「愛的書庫」學校，另方面我們更願意相信是因為我們提出的計畫不是只有科技，而是有團隊、有很強的課程、很深的資訊素養底蘊，而這都是因為長期與大學端接觸與合作而得到的培育，包括臺師大圖書教師輔導團與政大圖書資訊與檔案學研究所。

當學校建置一間智慧教室後，有驚豔當然也有更多的質疑，認為這只是噱頭、只是潮流、是瞬間即逝的裝置。其實，我們也承認這教室內的設備都可能瞬間即過時，但這就是現代科技現況，進步得太快、還來不及穩定就風雲變色，只是「數位」能帶來縮短差距及迎向未來的思維，卻是不能忽視、必須嚴肅以對的議題。因著有智慧教室，也就順利的成為行動學習學校，桃園市教育局更是主動的給予各項硬體建設的補助，包括平板、機器人、班級觸控螢幕等。重點是，這些計畫雖然有很多枝枝葉葉、繁瑣擾人的「行政業務」，但也因計畫中很多的培訓、交流，讓我們擁有更多的精進機會，更強的數位課程設計能力。

與大學端的合作，讓我們能帶入有鷹架設計的合作式數位閱讀平台於深度閱讀討論，並將以問題導向學習為設計理念的平台融入大六（BIG6）資訊素養學習及概念導向閱讀教學（Concept-Oriented Reading Instruction簡稱CORI）裡，也將根據學習、記憶理論所設計的英語單字學習APP帶到英語課程中，另透過眼動儀及體感互動融入閱讀歷程，讓孩子們看到自己的學習軌跡，及用不同的視角來看學習這件事。智慧教室的建置，讓我

們有機會思考AR、VR、3D列印等科技技術與學生學習、創客之間的串連,省思運算思維與程式語言的學習其核心目標及課程架構,另外透過智慧教學系統,如何即時獲得學生學習回饋,如何看待及分析學生學習歷程的詳實紀錄,以協助學生。

| 利用眼動儀體驗,記錄學習歷程。

　　此外,我們也與本校教師跨領域團隊發展了「抱抱石門水庫、報報世界水資源」及「鱸年有餘ㄏㄨㄚˋ石門」等在地特色課程,以探究式學習方式,並結合地方性產業、學術及服務性團體,透過策略聯盟有效整合資源、進行資源共享。除了知識性的學習外,還包括操作、互動、走讀探索、團隊合作及發表展演等,再加上智慧教室及科技設備的有效運用,帶動了課堂教學的翻轉,期待能提升學生的多元智能。

　　隨著物聯網和智能製造的已然成形,科際整合勢必是未來──不,是現在的趨勢。學校也是如此,資訊專家、課程設計達人與各領域教學者必須協同、合作,讓數位融入不只是酷炫的科技遊戲,而是有內容、有學習目標、有學習理論、有學習成效

|「鯰年有魚ㄏㄨㄚˋ石門」課程設計及媒體報導。

的嚴肅課題。圖書教師肩負教師、教學夥伴（協同者）、資訊專家、行政管理者，在數位潮流中，我們對自我的期許就包含了硬技能與軟實力，其中硬技能指的是使用資訊科技和網路科技能，及利用資料庫和網路檢索技能；而軟實力則是指課程設計、協同、教學的能力，與同理心、人際溝通、建構社群的技能，此外，還必須擁有包括了解數位資訊資源的分布和特質、媒體識讀等專業的知識。

在充滿質疑、挑戰與些許成就的數位推動這條路上，我們還是走得跌跌撞撞，然而我們終究相信：只要方向正確，就不怕路遙。

「數位」是潮流還是趨勢？
「做對」就「對」了

有人說新穎的科技融入課堂、各式各樣的智慧教室、數位學

堂只是噱頭、一時的潮流，教育是根本大業、樹人大計，哪能只求一時煙火綻放？哪能把教室當實驗？把學生當白老鼠？也有人說現今唯一不變的價值就是「變」，數位學習、科際整合是未來、是趨勢，是不管大人們喜歡或不喜歡都必得接受的現實，孩子們必須擁有使用科技的能力、必須學會利用科技自主學習、合作共創、解決問題。外面的世界早已一日千里變幻莫測，教室哪能以不變應萬變？教學者哪能一直在以往成功教學的模式下互相討拍？

　　其實這兩方在各執一詞的爭辯中，更該思考的是數位科技融入教學，對學生而言，是否真能達到提升學習動機與成效？使用科技資訊，是否真能提升解決問題的能力？到底這是一時的潮流——就像各式的改革口號換了人就換了一套？還是這是貼近變化的趨勢——培養孩子成為未來公民的能力與素養？對於這個問題，好吃的我想以完成一道菜來做比喻，把教學內容當成食材、數位科技及教學策略為調味料及烹調方法、教師擬為廚師。我的看法如下兩頁表格：

完成一道菜……	結果……	以小學生學習而言
只有調味料，沒有教材及廚師	冏 ^^ ‖	???
只有廚師，沒有食材及調味料	巧婦難為無米之炊，或者是「說」的一口好菜。	沒有教材內容、學習目標，就沒有教學。頂多可以靠老師肚子裡原有的知識口述傳承，所以除非老師學富五車、上知天文下知地理……
只有食材，沒有調味料、烹調法及廚師	就如原始人為求存活而食，得靠嘗試錯誤的經驗以得知怎樣的營養須由怎樣的食材提供，常因誤食而造成消化不良甚至中毒。	除了天分極高的學生能具備自學能力外，若無教師的引導，透過正確的課程設計及教學策略，很難自行理解學習重點，以致無法達到學習成效及目標。
不好的食材＋調味料、烹調法＋廚師	利用調味料將不新鮮或無營養價值的食材，透過各種烹調技術製造成誘人的菜色。大量食用的結果將導致肥胖、高血壓、消化系統受損等等，不可不慎。	沒有優質的教材內容，空有新穎的資訊科技及教學方法，也許能提高孩子的興趣、吸引學童的目光，但卻是空洞的課堂展演，無法擁有真正的學習內涵。
好的食材＋一般調味料及烹調法＋廚師	有好的食材及廚師，沒有特別的調味料及烹調法，或許還能透過廚師的手法得到好吃的菜餚（享受食材原味）。但是如果廚師也沒啥手法，那就可能是一道普通的菜，也許新鮮有營養，但引不起食欲，也食之無味	傳統教學只靠好的教材內容和老師的板書及口述教學，就得看老師的教學功力。口才佳有教學魅力的老師還是可以讓學生得到不錯的學習成效，尤其在知識方面的學習，像坊間補習班一堆名師都是。反之，就可能是一堂枯燥無味、得要學生懸梁刺股才能提振精神的課了。

完成一道菜……	結果……	以小學生學習而言
好的食材＋不適當的調味料及烹調法＋廚師	如果廚師沒有參透各種不同食材的特質及專屬調味料的功用，只是為了調味而調味，或加上不適當的調味料及烹調方法，那就搞砸了原本好的食材及調味料，完全無法消化吸收甚至無法入口。（然後有些人就開始反過來質疑教材或者調味料的不是）	如果硬要套上不適用的資訊科技或新穎流行的教學法，教師卻不甚了解或無法掌控，就會造成失敗的教學，例如：只是播放廠商給的電子教材或將電子白板只當成投影布幕等，又例如之前數學的建構式教學等等。
好的食材＋適當的調味料及烹調法＋認真的廚師	廚師能鑽研各種食材的特性及本質，又了解各種不同調味料的性質及各項烹調法的的特性。拿到食材後知道如何善用調味料及其比例，或蒸或炒或炸或燉，總是為將各種食材的口感不斷提升或釋放出更多的營養素而努力鑽研，然後在堅持傳統精髓與迎合現代人口味中取得平衡後，端出一盤盤色香味俱全的好菜在饕客面前，讓饕客食指大動，不但吃得滿足還吃得健康，這是身為廚師最大的成就。	一位優秀的老師要能掌握各種教材內容的屬性及教學目標，並研究各種不同教學法及其成效，再善用各項資源：從以前的實體教具到現在的資訊科技融入教學等，就能完成一次次提升學童興趣並達成學習目標的教學。我們的孩子面對的是未來的世界，如何留住傳統教學的精髓並能不斷與時俱進、利用新的科技與他人腦力激盪下產出的智慧以提升教學成效，應該是現代老師須具備的素養及能力。

變的是方法、不變的是態度
——態度決定高度

有一部漫畫《將太的壽司》裡，讓我印象深刻的有兩則小故事：

一位有天分的廚師受業於名廚手下，一次因趕著做數百份壽司料理，準備送給期待中的育幼院院童，在做最後一份時因食材短缺而將就著處理，結果被名廚當眾除名。他非常不解，幾年後再遇名廚，得到的答案是：「對那名吃到最後一份壽司的孩童來說，這份壽司就是全部。」——這是「名廚」的態度。

有一名病童，因疾病必須常吃一種他完全無法接受的食材，而且一吃就吐，即使告訴他這食材對他有多大的好處，都沒有用。將太知道後，想方設法地利用特別的調味及烹煮技巧，保留住食材的營養成分，並去除讓病童抗拒的因素，結果不但讓病童日日垂涎三尺，病症也因此得到控制——這是「好廚師」的態度。

也許我們沒有天分成為名廚，那麼就努力培養自己擁有成為一位好廚師的態度，善用各名廚們的經驗，轉化為一本本優質的食譜，或在參加一場場的示範及分享時，放下各教學派別的成見，好好跟隨、閱讀及傾聽，透過一步步地引導與學習，成就自己能處理各式食材、了解各種調味料及烹調方式的技巧，達到做出一道道可口的食物，讓品嘗的人有滿滿幸福的感覺，並得到健壯身體的能量。

這是我身為一名教師、一位國小圖書教師對數位學習、科技融入教學的自我期許。

後記

　　圖書教師跌撞的*10*年，很感謝圖書教師輔導團一路的帶領及夥伴們的一起成長。此外，校長、主任、同事們的支持、支援甚或提出質疑與擁抱鼓勵，都是一路走來能堅持的動力。衷心感謝讓我任性而為的所有大家，事未竟成，無論在任何崗位上，必繼續努力。

回饋

之一

　　自石門國小畢業已經十多年了，直到現在，學校的大河馬圖書館、老師教導我的一切……都還在我的回憶裡，雖然我不是最優秀的孩子，但卻是最幸福的孩子，現在念電機的我很開心，有機會會回去找老師。（節錄自李紀萱讀大學時寄來的教師節卡片）

之二

　　活在現代必須學習的實在太多了，「寫程式」很有趣。謝謝芳雅老師在志工培訓時的課程安排，名師授課，收穫滿滿。（節錄自陳欣霓志工臉書貼文）

撰文者簡介

陳芳雅

桃園市龍潭區石門國小圖書教師（2010-2019年）

我希望孩子進入圖書館，是因為知道圖書館是個無限大的世界；孩子學習、探索是為了找到自我、實踐自我，在這過程中，我不想反客為主，只是堅持的、誠心地且默默的支持著與陪伴著。

part 3

跨域合作
共創未來

8 深度探究，跨域想像

林心茹

當學生連上網路就可以和校外的科學家、作家或其他專業人士請教問題時，你覺得學校還能發揮什麼功能？再對照教學現場，多數學生還是在教室裡排排坐，一節節不同科目按表操課，學校幫孩子預備好未來需要的能力了嗎？這是我經常思索的兩個問題。

一直覺得自己很幸運，從初任教師時，就遇上了社會環境與資訊科技變化迅速的時期——小班教學、多元智慧理論還有Google的問世；更幸運的是在那樣的機緣下翻譯了國外最新的教學專業資源叢書，我是自己的第一個讀者，也是實踐者，在這過程中，逐步建構起自主學習者的圖像，也逐漸掌握自主探究教學的核心。這十多年來，自主探究課程跟著我在不同的學校情境、不同的職位以及和不一樣的教學夥伴協作下，有不同的課程名稱——小小研究家、專題研究、自主學習、圖資課、探究想像等等。這樣的課程也因為經驗的積累、閱讀、實踐與修正還有新興科技的融入，不斷地更新、轉化。

什麼樣的力量讓我長久堅持推動自主探究課程呢？那是因為我看到了孩子在探究課程中，能力、態度以及情感的轉變，而這甚至對許多孩子帶來長遠的影響，例如小恩的這個班級。

珍視好奇心，交還學習權

雖然才小二，小恩的班級不知換過幾位代課老師，剛開始只能用一團亂來形容，更別談學習風氣了。但最讓我傷腦筋的是小恩（化名）——聰明卻有著情緒困擾的孩子，常在生氣時大鬧，有時甚至以死來要脅或抒發怒氣，同學認為他只是耍任性不是真心要解決問題，自然也漸漸與他疏離。

當時為了加快凝聚班級向心力，讓孩子看到彼此的優點，一接這個班級我就立刻展開小小研究家的課程：將生活課程中「吹泡泡」單元，轉化成「水」的研究，把我所能找到與「水」有關的主題圖書都帶到班上，例如《魔法校車》、《進入科學世界的圖畫書——水》等等。我帶孩子討論、畫心智圖，引導他們提問、找關鍵詞，鼓勵他們去公共圖書館找尋相關資源，示範用關鍵字串連句子的做筆記方法等等。

記得小恩想研究的主題是「水與生活」，他提出的研究問題是「水是經過怎樣的處理才來到我們家？」這吸引了其他兩位對同樣問題也感興趣的同學一起組成研究小組。他們蒐集了許多圖書，一同閱讀、做筆記、製作圖表，最後以投影片（那時是透明片）解說，並以實驗來展示研究成果。發表會當天，除了班上同學還有五年級的學長姐一同參與。輪到小恩那組上場時，他們的報告自信又流暢，展示實驗時拿出自己製作的淨水過濾模型，在倒入泥水後純淨的水從出口流出，讓全場觀眾驚呼連連！

自從小小研究家課程開始後，這個班級的氛圍開始轉變了，他們在課堂中喜歡提問，學會尋找、比較不同的資料，得到結論，每位學生幾乎都變成了主題專家，學習的成就感也讓小恩學習控制自己的情緒。畢業後我經常收到他寄來的卡片，每次都會

提到「老師帶我們做的課程都好有趣，像是水的專題，激起我對科學和動手做的興趣」。當他在卡片最後寫著「老師不必擔心，我交到了許多朋友，我已經是個懂事的大人了」。他寄來的卡片提醒我，不管孩子多小，用心設計的自主課程，都會為他們帶來長遠的影響。

探究課程讓孩子動手做，親身體驗，學習態度及能力自然會轉變。

兼顧結構與自由的深度學習

探究課程讓我看到孩子能力的增長，情意以及學習態度的正向轉變，這支持我持續以專題探究做為跨域課程的策略。成為圖書教師後，正好給我將它擴展到更多班級的機會，讓我可以協助師生成為有效的資訊利用者以及創意構想者。

最初在找合作夥伴推動探究課程時，老師們會懷疑：「這樣課本教得完嗎？進度趕得上嗎？」「學生考試成績會受到影響嗎？」甚至也有老師反彈：「妳可以不要這麼不一樣嗎？」我會直接和他們分享我的焦慮：「傳統教學已無法滿足學生的需求

了！學校應該要提供多樣資源，教孩子正確運用科技、活用資訊，老師更應協作教學以身教做為孩子的典範！」

一開始我先找兩位理念接近的老師合作，後來開始有老師看到班級的改變、學生能力的展現以及家長的支持後，連原先不認同的老師也漸漸放下成見，甚至說服其他班級一同協作！當時學校缺乏多元的圖書資源與數位設備，為此我也開始搜尋相關軟硬體建置的經費補助計畫，並著手計畫撰寫與申請，尋求更多教學夥伴，開始和不同領域的教師進行專題探究課程。

因為各種計畫的經費援助、資源的導入以及專家合作的指導，圖書館、教學及教室的氛圍開始出現變化。最初申請計畫的目的，單純是為了各計畫所提供的資源與經費的挹注，但最大的收穫卻是執行計畫過程與夥伴激盪出創意教學的火花。

│ 帶領孩子到魚貨拍賣場參觀，了解拍賣實況。

　　校內外不同領域的教師願意一同進行跨科協作，是因為探究的主題是由領域課程而來，而不是外加，孩子能選擇主題中感興趣的面向深入探究，以自己建構意義的方式學習，這是兼顧結構與自由的課程。

跨域探究 6E 培養自主學習者

　　我們提出跨領域的課程主題，深化並擴展研究所需的文本與資源，鋪設與探究相互銜接的學習任務。這樣的課程以圖書館為圓心，不但讓教師打破自成一格的教室藩籬，成為關係緊密的合作夥伴，我們並以 6E 策略帶著孩子走過探究的歷程：

Engage 真實議題，探索周遭世界

　　把課程內容與真實世界，以及孩子想探索的渴望，聯結在一起，孩子才會知道「為什麼」要學，並且會投入學習。例如以自然「環境與生物」主題為核心，進行跨域統整（結合社會、語文領域與海洋議題），融入多元資源與真實的學習情境，從「潮間帶定點觀察」、貝殼的觀察與「瓶蓋寄居蟹」的真實議題開啟主題，激發他們的興趣與好奇心。

Explore 沉浸探索，獲取個人意義

　　透過體驗、訪問與觀察、浸潤在多元的資訊中，擴展背景知識與觀點，以對主題有宏觀的思維。我們經常走出教室，進入社區、博物館所的資源。除了真實的體驗，科技更能帶我們去到遙遠的場域，引起孩子的共鳴，例如運用 Google StreetView 看到 Kamilo Point 的垃圾海灘，還有無人島 Henderson Island 海灘上的塑料廢棄物，墾丁核三廠出水口附近的珊瑚礁群。多元資訊刺激孩子的思考，他們必須面對問題及許多的不確定性，思考解決方

法，逐步建構自己與環境的意義。

Equip 活用策略，解決複雜問題

團隊教師在探究歷程中是引導者與支援者，引導孩子提出問題、鼓勵思考並發展想法，帶領練習使用資訊工具取得資料，孩子和不同的老師、資訊以及同儕的互動，嘗試釐清差異點並提出證據，展現利用知識以創造新知識的能力，達到深度學習的層次。

Empower 想像未來，豐富思考資源

我們利用想像未來的可能性思考，豐富孩子的思考資源——啟發學生連結探究主題的過去、當下與未來的脈絡（如：海洋污染），藉由反思過去、改變現在，或擬定行動計畫或採取行動，展現公民參與及社會關懷，創造一個可欲的未來。

Enable 多元創作，發揮強勢智慧

尊重孩子都是不同的個體，了解孩子在學習風格上的差異，我們也鼓勵孩子可依個人的強勢智慧、多元形式展現、出版，或虛擬規畫探究歷程與成果，說故事、寫日記、攝影、製作報紙、協作平臺、電子書等，激發孩子的優勢，提升弱勢能力，並積極提供資源，協助孩子產出具有個人或社會價值的實作成果。

Expertise 深度學習，成為主題專家

孩子在探究歷程中，常須面對許多不確定性的問題，尋找解決方法，在刺激思考與協作的環境——圖書館、智慧教室、博物館、實地田野調查等場所，利用各式各樣的資源學習及操作，因此整合了學習內容以及技巧應用。孩子因著興趣與責任感，全心投入解決問題的歷程，擔負起學習的責任。他們學習思考自己的

藉著小組討論，豐富孩子的思考，啟發孩子連結探究主題的能力。

優缺點、設定目標與人溝通合作。教師則觀察學習需求、發展紀錄並且反思回應，調整介入學習策略的時機，將學習的控制權交還給孩子，他們才有機會以自己建構意義進行深度學習。這是以學習者為主體的課堂，人人都將成為探究主題的專家。

深耕跨域探究，
培養利用知識、創新知識的自主學習者

　　深耕探究學習的課程，除了自己任教的班級學生受益外，過去八年更因圖書教師的身分，與不同學科的老師進行跨域協作，每年指導至少約一百五十位學生，進行一個學期的專題探究學習。累積至今至少有一千多位學生因探究學習受惠，有孩子說：「主題探究是全新的學習！」有孩子說：「我喜歡拜訪船長那堂課，讓我認識許多不同意涵的詩歌。創作屬於自己的詩籤，那時我覺得自己就是詩人，我做了許多創意滿滿的事！」也有孩子

說：「我研究珊瑚礁，參與陸上造礁活動。陸上的珊瑚礁古蹟被破壞了，大家看得見，會感到可惜，但是珊瑚在海裡白化了，卻少有人關心！」

我經常收到許多孩子畢業後寄來的卡片，他們對探究課程印象鮮明，例如小明，他每次都會提起「老師帶我們做的課程都好有趣，激起我對科學和動手做的興趣，現在我在大學主修資訊科學，很感激老師的教導！」小明那時才小二！孩子們捎來的話語都提醒著我，不管孩子多小，老師用心設計的探究課程，會對他們帶來長遠的影響。

學生登上法國探險船，訪問研究人員，蒐集珊瑚白化與塑膠微粒污染的資訊。

期許與展望

"Don't be a sage on the stage; be a guide by the side" 老師不再當講臺上的智者，而是孩子身邊的引導者，是我不斷地探究而獲得的結論。未來我想更了解在不同背景以及多元學習情境中，探究式學習的實施策略與成效，也希望能分享以圖書教師身分，以

及在臺灣教育環境下設計的「深度探究，跨域想像」創新課程，探討它的擴散可能性。

因為當世界變遷得如此快速時，教師本身只有不斷地探索，才能朝著讓學與教能更好的目標前進，而且要與志同道合者一起努力。歡迎更多老師加入，與我們在探究協作的路上同行！

回饋

母親的感動

看著孩子忙著製作報告認真的背影，心裡有著一份感動，但偶爾也會世俗地吶喊，如果準備考試有這麼認真就好了。直到接近發表，孩子熟練著使用電腦、和同學討論報告內容、修改報告內容，直到最後在電腦上播放小組完成的報告。媽媽雖然沒有勇氣看你發表，但內心深處佩服著你們。記得發表當日，席間有一家長，看見自己的孩子發表鐵道主題，不禁熱淚盈眶。

謝謝心茹老師，推動圖書館的蛻變！

在這仍注重國、數、英等學業成績的教育氛圍下，很開心學校有心茹老師帶頭熱心推動閱讀！

原本的「圖書館」設備老舊，館藏書籍早已陳年也未增添新書，空氣中常泛著一股霉味，像是一間僅有黑白顏色的倉儲室。因著老師這些年施展了許多魔法，打造了這間彩色圖書館，甚至推動主題活動、講座、社團應用等等，館藏也一再增加，更貼心為孩子推出行動書車，圖書館從以前乏人問津的場所，到現在經常是小朋友下課會選擇去的地方。

接著在圖書館硬體設備有限的資源下，推動閱讀課，因孩子們的電腦基礎能力不足，甚至公布自己的帳號密碼，供孩子們使

用。並帶著孩子們一步步走來，看到孩子們一點一滴累積的研究報告，以及尚有很大進步空間的電腦簡報。在發表結束或上臺前，聽到許多孩子們說：我以後要一開始就認真、我應該可以做得更好、下次再有機會我要更努力。孩子們真的要好好謝謝老師，圖書館的蛻變很不容易，希望老師的辛勞沒有白費。（許心嵐）

撰文者簡介

林心茹

基隆市仁愛區仁愛國小圖書教師

覺得自己像長不大的彼得潘，愛孩子、愛玩樂也愛做夢，打造圖書館為夢不落國度，裡頭有探索的養分，想像的翅膀，孩子可以盡情飛翔！

閱讀，像呼吸一樣自由
——如何建立校園閱讀文化

曾品方

閱讀是人生旅程的燈塔，

無論是彎彎曲曲的小徑，或是月黑風高的浪濤，

閱讀都能照亮內心的無明；

而當春風滿面，意氣風發之時，閱讀更能帶來內心的平靜，

這就是閱讀神奇的力量！

那一年，故事的開始

進入小學服務已滿十載，回想起當年初來乍到的情景，圖書館的地板破裂、牆壁磁磚掉落、天花板漏水，靠牆放置的一整排塑膠組合書櫃，隨時都處於碎裂的邊緣！硬體環境的老舊，不是最糟糕的，更大的考驗是冷冷清清的圖書館，一整天的入館人數很少，老師帶孩子們來圖書館，幾乎都只是看看書，偶爾借借書，我和老師、學生們的互動幾乎是零！面對這樣一個先天不足，後天不良的圖書館，到底該如何經營，才能讓「書出得去，人進得來」呢？

為了要讓書出得去，我不斷告訴自己，「館員要走出去」，要去了解老師的教學需求，要去觀察學生的課堂學習，要和家長溝通，建立緊密的合作關係。此外，我也要展現真誠和專業，願意以服務大家為己任。我相信，唯有充分建立親師生的「信任」，

才能進一步開展協同合作，才能突破經費、空間、人力、教材等困境，進而以圖書館為基地，與各科老師建立合作關係，運用圖書資訊資源融入各領域的學習，發揮學校圖書館的功能。

協同合作之前的深思

我們常說：「閱讀力就是學習力！」但是，我也常看到一些明明就是很愛閱讀的學生，在學習表現上，卻是不如人意！在寫作的產出上，也經常看到孩子「喜歡閱讀但不愛寫作」。我不禁要停下腳步，仔細思量，如何才能培養孩子「能讀、能寫、能思考」呢？而從「閱讀力」到「學習力」的過程中，是不是有什麼環節漏掉了，是不是還要深化些什麼，才能在教學現場看到更多的學生把閱讀力昇華為學習力呢？

我白天的工作經常是在圖書館推動閱讀，或是進入班級觀察學生的學習，晚上則回到文獻的大海，閱讀國內外論文，我想找出從閱讀力到學習力的關鍵密碼到底是什麼？我發現閱讀教學不能只停留在「國語文領域」，閱讀內容不能只聚焦於「文學性作品」，圖書館利用教育不能只教「存在於圖書館內的館藏」。閱讀教育的順序，一開始可以是活化學生的閱讀樂趣、培養學生的閱讀習慣，但不能只停留在原地，而是要進一步提供學生更多元的閱讀素材，打開孩子的閱讀視野，提升閱讀理解，進而還要能增進他們判斷資料的能力，以發展學生的高層次思考。閱讀教育的終極目標，不只是「愛閱讀、能閱讀」，更是讓學生具備能搜尋、分析、統整資料的能力，進而能建構知識。換言之，以閱讀能力為基礎，進而開展資訊取用、媒體識讀、圖像辨識、科技應用、數位學習等，這些能力必須透過各科的學習情境，讓學生有機會重複練習，才能積累內化成為多元素養。

　　為了培養學生成為多元素養的社會公民，我要面對的挑戰是
學校圖書館是否能提供一個充滿資訊資源的環境，讓學生有能力
取用他們所需要的資料？學生是否能透過圖書館，感受到閱讀、
資訊和學習的樂趣呢？學生是否能發展創意的、批判性的思考，
以及充分明白「學習」在一個人一生的重要性呢？多元素養的能
力不是一蹴可幾，需要日積月累循序漸進，而且要融入各科的學
習。圖書館實施的協同合作教學，其課程核心目標不只是一種
「統整相關資料」的能力，更是一種價值觀、一種態度，一種可
以讓學生「放在心裡」的理念，即是日後遺忘了課程細節，仍能
保有探索知識、解決問題的熱忱。

　　在開展協同合作之前，透過對於閱讀教育深思，提出基本信
念和課程原則，有助於創建穩固的合作關係。以下以國語、英
文、數學、自然、社會科的協同合作為實例，分享圖書館融入各
領域的歷程。

摘要策略 345

　　閱讀和國語科的關係最為密切，也是萬興國小推動閱讀的基
石，自從 2008 年開始以來的幸福晨讀、閱躍萬興、摘要策略、
西遊再現、閱讀大漠等閱讀方案，都可作為國語科的延伸。這些
方案皆是圖書館與級任導師的合作，共同引導孩子深入國語文的
學習，其中尤以「摘要策略」的結構最為完備，並進而成為後續
閱讀教學的基礎。

　　「摘要策略」的方案是由品方、惠珍、美侖、惠芝、東関、
育震、翊萱、慈方組合的閱讀團隊來實施，在幸曼玲教授的指導
之下，以摘要策略融入於二、四、六年級的國語課文，採取文字
摘要評量和教學觀察，探討摘要策略應用於國語課程的可行性，

比較不同年級摘要的方法和成效，分析實施摘要策略教學的模式，並探討教師精進閱讀教學能力的歷程。

該方案歷時一學期且跨越低、中、高年級，透過教學實施、學生測驗成績、教學觀察、教學省思的分析比較，我們據以提出摘要策略教學的三種方法、四個階段、五項技巧，簡稱「摘要策略345」，詳見表一。

表一　摘要策略345

三種方法	刪除法、關鍵詞法、結構法
四個階段	單段摘要、各生練習、教師評估
	多段摘要、各生練習、同學互評與教師評估
	多段摘要、小組討論、同學互評與教師評估
	課文全文、各生練習、同學互評與教師評估
五項技巧	條列線索、善用數位資源、圖像呈現摘要、小組討論、學生互評

教師藉由國語課的摘要策略教學基礎，延伸應用於晨讀和作文，有效連接閱讀教學的說、讀、寫三項能力。協同的成效，如同四年級導師的觀察：

當學生逐漸熟悉摘取大意的方法之後，便鼓勵學生利用晨光閱讀，試著將晨讀10分鐘閱讀的內容，以一句簡短的話寫下來，當一本書讀完後，串聯出每天所寫的訊息而說出這本書的大意，並不定期請學生發表。另外，我也將摘要方法應用於作文教學，當學生已具備摘要的方法與能力時，讓學生反向思考：如果能配合題意，先決定文章所要表達的主旨，擬好段落大意，再順

著脈絡延伸出幾個重點。經過反覆練習之後，明顯看出學生作文架構清楚，段落分明，尤其對程度有落差的學生，已學會分段敘寫，作文課不再發呆、逃避。（四4）

　　摘要策略是跨年段的合作方案，團隊教師一同研習、一同備課、一同分享學生的成長，展現高度的熱忱和專業，不僅獲得臺北市教學專案佳作的肯定，更重要的是觀察到學生的進步，就是我們最大的喜悅。

圖書館變鬼屋，越恐怖越愛讀

　　推動英語閱讀的第一步是和英文老師建立合作關係，我很幸運有芳瑋、德潾、香瑩老師的信任和支持。我們開展了英文圖書分級、Reading Battle、Happy Halloween、Thanksgiving、Anthony Browne、Groovy Joe等教學活動，尤其Happy Halloween是親師生共同合作的創意教學實踐，讓全校孩子在歡樂的氛圍中學習英語，同時獲得平面媒體的報導。我們發現閱讀不僅能融入課程，豐富學生的學習經驗，更能建立學校的優質品牌。

　　Happy Halloween是配合西洋萬聖節，圖書館提供閱讀資源、情境營造、教學流程，由英語老師帶領小朋友進入鬼影幢幢的圖書館，體驗五項學習步驟。首先是Decide Your Destiny，每位孩子從神祕箱抽出一張鬼牌，唸出鬼牌英文單字，例如vampire；接著是Dress Up for Halloween，小朋友可以從圖書館的道具櫃中，把自己變身成吸血鬼；第三則是Read Aloud配合鬼牌內容，唸出完整的英文句子，例如Halloween is coming, I am a vampire, I want to scare you. Trick or Treat. 第四是Find Scary Books，在圖書館的主題書展中找到與吸血鬼相關的圖書，並能讀出書

名;第五則是 Go To The Haunted House,小朋友可以到鬼屋體驗恐怖氣氛。完成五項學習活動的小朋友,可以獲得神奇的黑貓餅乾。

Happy Halloween 深受學生的喜愛,孩子們迫不急待地想參與活動,不斷來圖書館詢問:「什麼時候輪到我們班來圖書館鬼屋?」或是已經參加過的班級,還想再「玩」一次,而有些高年級孩子則自告奮勇表示:「我可以用英文介紹活動,讓我多來幾次,可以嗎?」Happy Halloween 的教學設計原則是:鼓勵孩子們從圖書館的探索之中學習英文,不僅是體驗好玩的節慶活動,而且能讀懂英文字、能說出英文句子、能根據英文情境採取行動,最後完成英文任務,讓學生的英文力在遊戲中向上提升。此外,親師生之間,透過相互支援的教學過程,建立更加緊密的信任關係。在 Happy Halloween 的基礎之下,我們後續的 Thanksgiving、Anthony Browne、Groovy Joe 等,大致上也都是依此模式來設計課程。

數學超級任務

數學一直是許多學生困擾的科目,如何促進學生的學習動機與成就感,是一項重要的課題,觀察孩子學不會數學的難處,往往不是「不會算」,而是「看不懂數學題目」。有感於此,我和惠珍老師希望透過閱讀來協助孩子能親近數學,進而理解數學,於是我們選用《MATH START 數學啟蒙》(Murphy, *1997-2005/2013*)系列叢書 *40* 冊,做為主要的閱讀素材。該套書的每一冊繪本主題明確,以小朋友為主角,透過角色之間的對話鋪陳問題情境,引導小讀者運用數學觀念解決故事中的問題,無論是數學概念、知識密度或文字敘述都適合小學生。

　　確認數學讀物之後，我們開始分析比對各年級數學教科書和讀本之間的概念關係，以教學單元為主軸，設計兩種層次各六項任務的閱讀單，期許能結合數學課程，以「數學超級任務*456*」為例，詳見表二。

表二　數學超級任務分析表

閱讀方案	數學超級任務（四五六年級）
教科書的教學單元	◆四上康軒第7單元「三角形」；四下康軒第11單元「統計圖」。 ◆五上南一第5單元「長方體和正方體」；五下南一第11單元「長條圖和折線圖」。 ◆六上康軒第3單元「柱體與錐體」。
數學讀物	《宇宙無敵艦長》、《檸檬汁大拍賣》、《猜猜誰會贏》、《灰熊特報》、《足球大賽》
閱讀任務	1. 閱讀《宇宙無敵艦長》，找出「立體幾何圖形」的按鈕，寫下名稱、畫出圖形、寫出功能。 2. 閱讀《檸檬汁大拍賣》，猜猜看星期五可能賣出多少杯，為什麼？根據第30頁的長條圖，請在答案卡上畫一遍，再把每一條的頂端連起來，你會發現什麼？至少要寫出一個發現。 3. 閱讀《猜猜誰會贏》，利用27頁的估算方法，算出盒子中的球大概有幾顆？請寫出估算方法。 4. 閱讀《灰熊特報》，蔻瑞從一開始投入選戰到最後投票結果，投票率成長多少？請寫出算法。 5. 閱讀《足球大賽》，比賽時兩隊球員離開球場休息幾分鐘？是多少小時？ 6. 我又讀了：（寫下書名）

　　為了培養孩子自主探索的能力，數學閱讀方案的*6*項任務，我們只引導第*1*項任務，其餘由學生自行完成。本以為精心設計的題目已配合學童的先備知識，而且共讀的數學繪本，具備有趣的故事、豐富的插圖以及簡潔的文字，應很容易理解。然而實際

觀察卻發現，即使已透過師長引導完成任務 *1*，但仍有約三成的孩子，面對自行閱讀解開題目，顯得不知所措，頻頻請教師長，期待師長能依序一題一題的示範答案。有幾位低年級孩子表示：「第 *2* 題為什麼不教？」「為什麼要來圖書館寫數學題目？而且我讀完那一本書，還是找不到答案在哪裡？」；而有些高年級學生一看到繪本，就嘀咕地說：「怎麼還要看繪本？」。

面對孩子的反應，我們調查中年級孩子的想法，非常喜歡數學超級任務的學生有 47.5%（*122* 人），普通喜歡有 39.7%（*102* 人），不喜歡有 12.8%（*33* 人），整體成效仍值得肯定。然而，我們更盼望的是學生能自主閱讀，發展自我探索的習慣。我和惠珍的困惑是：難道數學圖書的適讀分析不完整嗎？閱讀任務的題目太難了嗎？太偏重認知能力嗎？數學書籍的種類太少嗎？為什麼許多學生不想自行閱讀，等待著師長一題一題教導呢？學生缺乏自我探索的習慣嗎？科普閱讀的模式，是不是有別於語文類、故事體的閱讀呢？這些疑問促使我們實施下一個閱讀方案。

閱讀自然真奇妙

為了提升科普閱讀的成效，我、惠珍、淑霞邀請專業的自然科雅瑛老師合作推動閱讀，並且針對數學超級任務的疑惑，採取四項行動策略：一、適讀分析須回應課程計畫；二、閱讀任務兼俱認知、情意與技能；三、科普讀物的體裁類型宜多元；四、圖書館應提供更有趣、可探索的環境。在行動策略的引導之下，推展了「閱讀自然真奇妙、小種子大世界、小偵探科學破案、走入新科技」等閱讀方案。以「閱讀自然真奇妙」為例，說明科普讀物的適讀分析應回應課程計畫，包括課程目標、能力指標和教學單元，詳見表三。

表三　閱讀自然真奇妙分析表

閱讀方案	閱讀自然真奇妙（高年級）
自然領域 課程目標	目標2.學習科學與技術的探究方法和基本知能，並能應用所學於當前和未來的生活。
能力指標	2-3-2-1察覺植物的根、莖、葉、花、果、種子各具功能。 5-3-1-1能依據自己所理解的知識，做最佳抉擇。
教學單元	五上南一第2單元「植物的世界——植物的構造與功能、植物的繁殖、植物的分類」。
科普讀物	指定閱讀：《又長又黃的香蕉》、《坑坑疤疤的馬鈴薯》。 推薦閱讀：《哇！大自然》及相關科普圖書60冊。
閱讀任務	1. 請小朋友到圖書館，沿著四個地球七個太陽，找到閱讀任務。 2. 成熟的香蕉果肉為什麼會香甜？ 3. 發芽的馬鈴薯為什麼不能吃？萬一吃了會如何？ 4. 請從暗袋抽出種子比對種子盒或植物海報寫出名稱。 5. 請再閱讀書展的其他兩本書，寫下書名和學到的知識。

　　此方案在科普讀物方面，運用《哇！大自然》（綠色世上、李銀振，2012）系列叢書共60冊，它的特色是大量採用1：1等比例的圖片呈現動物、植物的樣貌，搭配文字說明，提供小讀者貼近觀察的自然生態圖書，知識密度由淺入深，低年級學生可以觀賞大量圖片，中、高年級則可對照圖片和文字，探討動植物的奧密。在任務設計方面，任務1讓學生進館找尋地球和太陽的圖案，充滿探索閱讀的樂趣，屬於情意發展；任務2、3、5是從閱讀中擷取科學概念，屬於認知發展；任務4則是從暗袋抽出種子觀察比對，屬於技能發展。在圖書館情境方面，運用學生親手栽種的植物、多樣種子盒、蘋果卡等，營造出互動式探索的友善環境。

　　圖書館和自然老師合作的項目，包括共同討論教學主題、設

計教學流程、指導植物的基礎知識、運用圖書館的閱讀資源為實例、指導學生完成進階植物專題報告、分析學生的學習成果等。

「閱讀自然真奇妙」一推出就受到小讀者的關注,他們拿著閱讀單好奇地踩著地板上的圖案,找到任務挑戰區,專注地閱讀科普書之後,動手抽出種子比對海報,觀察同學親手栽種的馬鈴薯,完成任務的小朋友,會領到一張「蘋果卡分享單」,可以書寫自己閱讀後的大發現,自行張貼在兩棵大蘋果樹上。方案進行期間,經常看到學生們來到圖書館門口,一看到大蘋果樹上五顏六色的蘋果卡,不時發出「哇!」的讚嘆聲,很自然地停下腳步欣賞同學們的作品。

我們觀察小朋友的閱讀情形明顯改善,低年級孩子經常兩兩成群,低頭小聲朗讀;中年級學童讀了一本又一本,蘋果卡不只寫滿了閱讀大發現,還有色彩繽紛的插圖;高年級學生從暗袋中抽出種子,對照海報圖片,苦思良久,但臉上卻是掛著笑容。根據中年級 *257* 位學生的問卷調查發現,非常喜歡閱讀自然真奇妙

| 老師帶領學生認識「種子的世界」。

的學生佔57.9%（*149人*），普通喜歡有35.7%（*92人*），不喜歡
6.4%（*16人*），相較於數學任務，非常喜歡的比例成長了一成，
而不喜歡的人數則減少了一半。無論是從觀察紀錄、問卷調查，
皆顯示科普閱讀方案受到學生喜愛，跨域教師協同合作的成效良
好，令人感到十分振奮。

閱讀社會

　　由於小學高年級社會領域的課文訊息增加、閱讀難度提升，
加上不同於國語文領域以記敘文為主，社會課文是屬於包含大量
訊息的知識文本，缺乏相關背景知識和閱讀能力的學生，面對社
會課本的文本，往往難以掌握重點，形成學習時的挫折。此外，
社會領域教科書的設計，常以簡短的文字包含深而廣的主題或概
念，學生除了具備閱讀理解之外，還要能統籌、比較不同的資訊
來源，若能透過圖書資訊利用教育的實施，引導學生閱讀相關主
題的書籍，充實學生的背景知識和閱讀策略，除了可以幫助學生
學習，還能提升學生的社會領域素養以及學習興趣。

　　為促進社會領域和圖書資訊知能的學習，我和盈均老師協同
實施「閱讀社會：圖書資訊利用教育融入社會領域教學」，參考
「圖書資訊利用教育教學綱要」（*2012*），以五年級的摘要為閱讀
策略，閱讀的素材不局限於課本，而是擴展於其他類型的文本。
我們認為應將社會領域相關主題的書籍，也納入教學計畫，並配
合圖書資訊利用教育的教學實施，讓學生掌握尋找、評估、比較
和應用資訊的能力，進而培養獨立學習的態度。

　　實施一學期「閱讀社會」協同方案後，我們觀察學生能擷取
知識文本的重點，並且比較內容，例如有一位六年級孩子在閱讀
《國姓爺鄭成功》、《中華民國的建立》、《孫文》之後，他指出：

我發現三本書歷史背景都是老百姓被官府壓迫，國父、鄭成功兩人最大的共同點都是推翻滿清，不過兩人的意圖不相同，鄭氏的目標是反清復明，國父則是為了使人民脫離腐敗的清政府。

小小年紀能夠透過閱讀統整觀點，實在不容易。透過此方案，我們發現：一、摘要策略有助於學生理解知識本文；二、圖書資訊利用教育融入社會有助於學生學習社會領域；三、教師的協作有助於學生統整學習內容。以此為基礎，後續持續實施「巴巴洋融入思辨教學」、「圖書資訊能力於社區探索專題之應用」等課程，為社會科的學習注入更多元的方式。

經歷十年的努力，閱讀可以緊密地融入在國語、英語、數學、自然、社會科的學習，圖書館和各科老師合作實施閱讀方案，落實在孩子每天的校園生活，豐富他們的學習，陪伴他們的成長，印證了「閱讀是學習各科的基礎」、「閱讀力就是學習力」的法則。此外，融入各科的閱讀方案，都不是曇花一現的閱讀活動，而是在每一項方案之後，我們評估學習成效、省思教學設計，為下次的教學導入新策略。透過這些努力，期許讓校園閱讀文化是在自然而然的情境之下蘊育而生，不僅如同呼吸一樣自由自在，更能奠定孩子們扎實的學習能力，開拓寬廣的視野。

圖書教師齊努力，閱讀教育新天地

雖然自己在學校正式編制下僅是圖書館的幹事，但由於長年沉浸在圖書資訊學的氛圍，深刻明瞭一個人越早學會閱讀，學會學習的方法，就越能找到學習的樂趣，發揮潛能，展現創意。所以即使自己不具備正式小學教師的資格，但仍然時刻提醒自己，只要是對孩子們有益的學習活動，都應全力投入。

　　2009年是臺灣設置「圖書館閱讀推動教師」的創始年，也是我職業生涯的重要轉捩點，很榮幸有機會參與「全國圖書教師輔導團」的工作，在昭珍教授的帶領下，從50位增加到400位圖書教師，不僅從中央擴展到地方，更從小學延伸到國中，圖書教師展現專業和熱忱，以閱讀融入學校的課程，以閱讀陪伴孩子們成長，而我們也看到許多圖書教師的學校、學生、老師，屢屢獲獎受到肯定。

　　全國各地數百位圖書教師在自己的崗位上，兢兢業業推動閱讀，圖書教師社群就如同一個大家庭，已培養出老手帶新手的默契，如同一位新手圖書教師所言：「這個園地是加油站，握好方向踩穩油門，不怕沒油！」，在這個園地裡，我們都是推動閱讀的園丁，期待沒有人是孤軍奮戰，在共同的努力下，我們的學生越讀越愛讀、越讀越能讀，能為臺灣的閱讀教育注入更多元的活力。

圖書教師結合校內各科教師，協同合作，一起推動孩子的學習，增強他們的閱讀能力。

一路篳路藍縷走來，回想剛開始投入小學職場，全校的圖書館利用教育課程只有我一人在推行，獨自摸索，四處尋找教學資源，後來在校內師長的支持下，展開一系列圖書資訊融入閱讀教學，深獲肯定；接著走出校門，在圖書教師的教育培訓上分享校內經驗，並且和全國圖書教師建立緊密的聯絡網，時時分享閱讀教學的做法和心得，一起努力、相互打氣！即使我沒有「正式的圖書教師」頭銜，但是在閱讀教育這條道路上，時常以「行政管理者、教師、教學夥伴、資訊專家」這四種角色為目標，自我期許能發揮「真正的圖書教師」的價值。

這一年，故事還沒有結束

細數十年來開展許多協同合作的計畫，除了獲得各種獎項的肯定外，更要感謝許多貴人的提攜，志工們的無私付出。閱讀的美妙，不只是可以滋養自己，更能在協同合作實施教學的過程中，認識許多同道好友，尤其是團隊夥伴一路相知相惜，讓我們在專業發展的旅程裡，看得更遠走得更長。在多年的努力下，閱讀已融入萬興國小孩子們每天的作息，隨時隨處都可見最美的閱讀風景。閱讀，就像呼吸一樣自由自在，是全校親師生日常生活的一部分。

回首來時路的滴滴點點，我付諸許多心力，流下許多汗水，也曾挫折也曾歡喜，也曾有掌聲也曾有質疑。無論外緣如何變化，午夜時分，我只是提醒自己「莫忘初衷」，在人生的旅程上，能日日看到孩子們天真無邪的笑容，能時時和學生分享書中的祕密，是多麼幸福的時光啊！

撰文者簡介

曾品方

臺北市文山區萬興國小圖書館館員、全國圖書教師輔導團北一區召集人、中華民國圖書館學會中小學委員會主任委員

每當和小朋友一起閱讀，透過討論發現書中的奧妙，然後會心一笑，在眼神交會的瞬間，感受到心領神會的意境，就是我最得意的事。

10 閱讀無限大
——圖書館的娘仔

童師薇

從小我就是個閱讀狂，常常自比為娘仔（蠶：鱗翅目昆蟲，俗稱蠶寶寶或娘仔），每天不停地啃食。閱讀對我而言，是動員生命感受與外物誠摯對應的訓練，也是生命之糧。

國小時，週三下午最期待到同學家，因為同學家裡有好多哥哥姊姊買的書，從《伊索寓言》、《成語故事》到《兒童百科全書》，我無一不愛；上了國中，班上的導師總在每次段考後，自掏腰包買書並附上親筆寫的鼓勵卡，送給成績進步的同學，這也成為我努力讀書的最大動力；高中時住校，每週回家第一件事必將媽媽貼心整理好的一大疊報紙，從社論到副刊從頭到尾仔細品茗閱讀，再剪貼收藏；上了大學，我更是以圖書館為家，幾近膜拜地搜羅研讀古今中外作家與各大出版社的系列作品；及至為人母，各大公共圖書館都可以看到我與孩子共讀好書的身影。

卷一：四張犁國中

「童老師，學校麻煩您下學期擔任設備組長？」新上任教務主任熱情邀約。

「好啊！沒問題，我是生物老師，設備組長負責推動學校的科學教育，這是我一直在做的事。」

「不過，今年設備組要負責籌備辦理 2007 年臺中市國民中小

學科學園遊會，下學期有四年一次的校務評鑑，還有四間專科教室必須規畫建置……」

當了十年導師後重回行政工作，我立即用最快的速度詳閱成疊卷宗資料，了解設備組所有工作要項。在利用暑假整理完閒置在油印室一千多份教學視聽媒體後，我發現：原來一直在學校卻無人聞問的圖書館也是屬於設備組的管轄。

學校怎能沒有吸引人的圖書館呢？

這間圖書館遠在與教室距離甚遠的後棟五樓，學生必須從前棟五樓下到二樓，穿越空中走廊，再爬三層樓的階梯才能抵達，而借完書後，還得長途跋涉重走一遍，才能回到教室。

95學年（2006年）圖書館到訪借閱人次為190人，借出圖書為285冊，老舊藏書更十分不符合師生的需求。

同學說：「那是一間鬼屋！」「圖書館裡面的都是舊書，根本不會有人想進去借書。」

總有辦法吧！

首先，讓停擺已久的線上借還書系統恢復運作，同時把經年堆積在儲藏室的二千多冊各界贈書分類、檢視、修補、編目上架，年代過久沒有ISBN號碼的圖書，就自行一筆一筆地鍵入資料，每一本書都得重複七、八道程序才能完成。往往每天工作結束後，腰痠背痛、全身布滿灰塵，原來在圖書館工作除了要有體力、耐得住寂靜，更要經得起和灰塵共處。

其次，珍惜每一筆得來不易的經費，編列購買適合國中生閱讀的圖書，每一本書，不管新舊類別，都應像寶貝一樣受到珍愛與呵護，重整後的書籍，除了以「天天看好書」的光榮姿態隆重

登場，並同時在班級閱讀專刊、學校網頁、公布欄、圖書部落格中強力推薦。

同樣的事，天天做、默默做、持續做，慢慢地圖書館有了新樣貌，不到三年的時間，多了七千多冊藏書，借閱量也增加到一萬五千多冊。每當下課十分鐘，總可以看到抱著書往圖書館跑的孩子，那是校園裡最美的風景。

就因為對閱讀的認同，教育志工們集資想買更多好書給學生看，臨近廟宇也大力出錢贊助，學校老師們進到圖書館上課，並將閱讀融入於各領域課程中。這一切的改變，只因為我相信，沒有人不愛看書，只要你用對方法吸引他們踏出第一步。

| 邀學生參與，一起布置圖書館。

小祥在畢業典禮前跑來告訴我，他說他最捨不得學校圖書館，那些陪伴他度過三年青春年少的好書……

小祥是一位在原學校被霸凌的轉學生，也是一名嚴重干擾老師與同學上課的中度智能障礙學生，要他規矩、安分地坐在座位上，往往是任課老師們最大的挑戰，因為所有國中教科書上的內容，對他而言都是遙不可及的。

「帶小祥走進圖書館吧！」

小祥在圖書館可以找到看得懂的書，也可以自由選擇自己想看的書，所以儘管在學習的表現上仍不如其他同學，小祥卻對閱讀展現從未有的主動積極，不但每節下課跑到圖書館借書，更會與老師們分享閱讀心得。自從打開閱讀這扇窗後，彷彿開啟了小祥的另一個世界，他學會沉靜，開始可以坐在教室內上課，他開始有了信心，知道自己也是快樂的讀書人，更上臺領取人生中的第一張「閱讀達人」獎狀。

若干年後，小祥也許成為人父，我相信，他一定會牽著孩子的手，走進圖書館，告訴孩子，爸爸在國中時是多麼熱愛閱讀，而閱讀又是多麼美妙的一件事啊！

卷二：大墩國中

「全校親師生都很肯定您努力推動閱讀，四張犁國中也剛拿到教育部閱讀績優磐石學校獎，校長真的很捨不得您調校啊！」

數不清這是第幾次慰留，我內心掙扎著。

在四張犁國中有很棒的同事、長官，大夥兒齊心努力，然而想到自己孩子的接送照顧，總得麻煩婆婆、小叔幫忙，我還是選擇離開四張犁國中，投入一所全然未知的新學校。

如果說四張犁國中是被人遺忘的圖書館，那麼大墩國中的圖書館就是一無所有。因為這是一所新成立的學校，圖書館是空的。

「成立一間功能齊備的圖書館需要多少時間？要完成多少事？」訊息運算飛快地在腦袋裡奔馳，此刻我的新任務除了教學與設備兩組繁雜的行政工作外，還有每週二十堂的生物課。

新學校裡有來自各縣市、各校的同事，彼此互不熟悉，卻偶有踩線爭功的情事發生，我唯一能做的就是「拚命做」，每天放學後，教務處辦公室成了小孩寫作業、媽媽工作的地方，假日依然，睡眠已成奢侈。

為了不犧牲任何學生閱讀的權利，我努力和時間賽跑，在學校圖書館完全無任何人力配置情形下，一個月內規畫建置五千八百多冊書籍上架，課餘時間培訓教育志工，全新的圖書館在新生入學一週後正式啟用，同時提供全校師生線上借還書。

此外，本於資源共享、共好，一個月後再延長圖書館開放時間，提供家長、社區民眾入館閱讀，成為全臺中市第一所夜間開放的國中圖書館。

一年後，更培訓學生成為一日圖書館長，週六開放學校圖書館，使大墩國中的圖書館成為社區閱讀中心。

「是長官要求嗎？」

「是有額外的經費挹注嗎？」

「沒有。是我們覺得應該這麼做，而且也做得到。我們就努力去完成這個夢想。」

對我而言，是對的事就要當仁不讓地完成。

Line 群組裡傳著這一段話：「學校不是在推閱讀嗎？為什麼學生作文六級分的人那麼少？今年考上第一志願的畢業生有比其

他學校多嗎?」

　　隨著閱讀活動在校園裡如火如荼地展開,質疑聲跟著四起,有人認為晨讀佔據學生在課業上的學習時間,也有人認為學校推動閱讀後,理所當然應讓全校學生的作文能力、國語文競賽成績乃至升學考試大綻光芒。

　　「你對閱讀的定義是什麼?」

　　「不就是看書嘛!」

　　「看書就是閱讀?」

　　我搖搖頭不與紛擾辯駁,繼續帶著學生建構與探索無所不在的圖書資訊利用課程。

　　從學校圖書館的使用開始,到公共圖書館的數位資源,引導學生從定義問題、搜尋、取得、利用、統整與評鑑資訊,正確地學習閱讀理解、資訊檢索,並運用免費的雲端硬碟、Google 協作平臺、1Know 教育平臺,整合圖書館利用、閱讀素養與資訊素養課程,讓學生「學習如何學習」,進而培養解決問題,以及終身學習的能力。

　　從 2012 年開始的「改變世界的科學家」、「?改變世界」、「?將改變世界」、「圓夢繪本」、「關於旅行的一百種方式」、「南屯老街走讀」、「臺中之美」、「學科延伸專題探究」等,與資訊、美術、英文、理化、生活科技等各科老師協同教學,進行跨域專題探究學習。

　　此外,更利用寒暑假到花蓮、嘉義、苗栗、南投、澎湖等偏遠地區,帶領當地的國中生進行專題探究,進行公開課,期盼讓更多的學子受惠,教師增能。

　　「哇!在你的課堂中,學生的表現和平時很不一樣,我看到真正的學習。」

「這樣的專題探究課程，通常不是只有資優班的學生才有機會上嗎？」

是的，那是因為，我把每一位學生都當成資優生教導著。

看著入學時連注音打字都吃力的學生，在耐心指導下逐漸找到方法與自信，上臺報告從容不迫、侃侃而談，而這樣的孩子也在圖資課程中進步，慢慢地出現超乎眾人的期待。

我知道，進步的原因是：學生沒有放棄學習，他們一直持續努力前進著。

所有教過的知識，有一天學生可能遺忘，但培養出來的學習能力，才是他們一輩子帶得走的能力。學校不是要造就很會考試的學生，而是要培育肯學習、有自信的人。

墩中一日圖書館長

如果有那麼一天，整間圖書館成為你的祕密基地
如果有那麼一天，能為別人介紹一本你最喜歡的書

現在，大墩圖書館張開大門，邀請喜歡閱讀，具備勇氣、夢想與實踐力的同學，加入墩中一日圖書館長的行列。透過一日之領導力、行動力、服務力、表達力、學習力、協調力、計畫力、生活力、優勢力的任務體驗，分享閱讀與服務他人的美好力量。

「國中生可以做什麼？」

大部分人對國中生的印象不外是渴望與人靠近，卻又不肯輕易展露內心的「傲嬌」分子，或是駝著背扛著大書包出沒在校園與補習班的「眼鏡」小孩。但我相信孩子的國中生涯不能只限於此，國中生是有能力為自己所關心的事情付出心力、承擔任務，並勇於實踐。

因此，規畫一日圖書館長的活動，讓學生透過服務學習的過程，深入了解圖書館的功能及價值，並培養學生主動閱讀、分享閱讀的能力。從 2011 年至今，已有 350 位以上學生在週六負責學校圖書館的運作，學生必須尋求夥伴與合作討論、共同擬訂當日服務計畫、學會有禮貌地接待前來圖書館的讀者，並適時提供諮詢服務，在任務結束後進行反思評鑑。

透過一日圖書館長的活動，擴大了學生學習層面，也使圖書館成為眾人的圖書館。

| 圖書館長設計有趣的活動。

　　當閱讀不只是讀書，當課程不只在教室，帶著學生逐步領略閱讀無限寬廣與可能。

　　*2015*年暑假開始與教務處夥伴們合作，培訓學生擔任輔導員，前往偏遠國中小辦理閱讀營隊，至今已完成*21*所學校，師生共同準備教案、設計教具、製作影片、簡報。我們曾規畫了：

1. **魔法科普桌遊營**：從閱讀科普讀物與圖鑑出發，運用生物標本、圖卡，製作屬於自己的魔法桌遊。
2. **個性小書創作營**：認識書的結構、裝訂，並透過閱讀、寫作、繪圖，完成獨一無二的個性小書。
3. **圖像組識挑戰營**：利用九宮格、魚骨圖、心智圖，讓學生學習閱讀理解，統整、歸納、分類、比較，培養高效的閱讀能力。
4. **數位閱讀學習營**：以問題解決法BIG6學習閱讀理解、資訊檢索、資料統整，培養面對未來的學習能力。
5. **圖書志工訓練營**：從認識一本書開始，了解書的結構、編目、分類，進而學習如何排書上架，好書推薦與規畫創意小書展。
6. **在地文化走讀營**：從了解在地文化開始，學習閱讀理解在地人文風土之美，學習以專題報告的方式，成為在地文化宣導小尖兵。
7. **繪本閱讀插畫營**：打開每一本繪本，就如同開啟一個新世界。如何閱讀繪本呢？運用策略逐步引導，小小孩也可以成為快樂的閱讀高手。

　　透過偏遠閱讀營隊的分享，讓學生跨出舒適圈，發揮閱讀影響力，也使更多人體會到閱讀的美好。

| 帶領學生利用暑假到偏遠學校，舉辦閱讀營隊，拓展孩子的視野。

　　我希望同學們知道，每一顆心中的夢想種子，都需要以「生命的熱情」去灌溉；成功不是靠別人給的，而是要認真抓住、用心選擇，懂得付出，才會幸福。

　　在大墩國中，我們看到學生：從閱讀中培養自信找到自己的定位；從閱讀中提升判斷思考和創造能力；從閱讀中陶冶出豐富的情感和人文素養，而這將是國中三年，同學們所得到最珍貴的禮物。

　　「老師妳為什麼都不會累？」一直跟在身邊團團轉的小老師，有一天中午終於忍不住開口問。

　　我輕聲地告訴他：「因為閱讀，讓我知道，我們有無限的可能……」

　　娘仔從蟻蠶到最終期的熟蠶準備吐絲之時，不停地進食，體

重大約會增加一萬倍。

在未來，希望能持續發揮閱讀無限大的力量，在寒暑假和圖書教師群共同走入偏鄉中小學，持續協助各縣市學校規畫閱讀課程地圖，設計特色教案，精進教師們的閱讀教學知能，藉由閱讀教學觀摩，使圖書教師成樹成林，讓熱情持續，影響力更加深遠。

回饋

之一

圖書館長就像自己開一家店，而自己就是店長，學習與人相處與服務的態度，這些都是課本上學不到的！突然覺得：人生，不是只有「考試」這個課題。（亞婷同學）

之二

十年之後，我可能不記得這次段考成績，但我永遠會記得，在學校校門右手邊最重要的位置有座圖書館，而我曾當過館長。（昱安同學）

之三

國中三年，在偏鄉服務的陪伴下，顯得更加精采美好。一年級時，我連要上臺報告都很緊張，但經過師薇老師的鼓勵，二年級我就可以獨自發表。雖然偏鄉的資源比較少和交通不便利，但他們擁有的是我們金錢買不到的童年、清新的空氣與自然環境。雖然在這三年偏鄉服務的過程中，遇到不少困難，但我們還是會一起討論，努力克服。（沛柔同學）

撰文者簡介

童師薇

臺中市立大墩國中圖書教師

一個無時無刻不在思考閱讀的人

part 4

動人的
閱讀樂章

11 「躍」讀人生，「閱」讀仁身 ——不是看見未來才堅持， 而是堅持才能看見未來

劉怡伶

對我來說「閱讀」是一切學習的基礎，透過「閱讀」，我翻轉了自己的人生。我曾經是一名跆拳道國手，學習跆拳道至今四十六年，為國家爭取許多榮耀，最好的成績是奪得跆拳道世界盃銀牌、亞洲盃金牌。在嚴格與繁忙的訓練歲月中，「閱讀」陪伴我走過每一次訓練與比賽的低潮，並與內在的自己對話，聆聽夢想編織的樂章。透過每一次的閱讀，讓我在每天面對周而復始、孤獨嚴峻的訓練中，能獲得一絲絲享受天馬行空幻想的樂趣，點滴累積後，更補強我在學科成績上的不足。面對每次的國際賽事及求學路上的窘境，閱讀安定我的心境，在面對一切挑戰時，呈現最佳的狀態，奪下最好的成績。以自身為例，我想告訴孩子，不管妳走在哪條路上，擎起閱讀的火炬，可以帶領我們走向璀璨的康莊大道。

秉持這樣的信念，2011年的暑假，因緣際會成為學校的圖書教師，讓我開始經歷一場驚險刺激的閱讀旅程。秉持運動員的精神，展開圖推計畫的宗旨「圖書館經營」及「閱讀推動」兩大面向。為了更踏實地在學校實施閱讀推展工作，我開始利用課餘及假日，參加北、中、南相關閱讀研習，短短一年累積研習時數達到兩百多小時，讓自己的專業不斷精進，持續補充源頭活水，就

是要帶給學校夥伴與孩子更新、更適合的教學理念與模式,實踐新課綱的精神——自發、互動、共好。

　　有感於志工的管理與培訓是一件「人」與「仁」的實踐,對我而言真的是一件極具挑戰的藝術工作,怎麼開始?怎麼執行?都是我學習的功課,這極富意義的功課激發我運動員的內在學習動力,「沒有學不會的,只有用不用心學!」思考許久之後給自己一股強而有力的勇氣,開始展開與志工相遇之旅。

　　首先以最誠懇的態度與輔導室溝通協調,約時間與志工隊長訪談,了解志工們的基本資料與背景,如同當導師的態度與方法一樣,先打電話噓寒問暖,並告知今年我將接任此項任務,懇請大家繼續支持與照顧學校的閱讀教育工作,希望大家給我學習成長的空間與時間,我會以最謙卑的態度與各位志工大哥、大姐們一起學習。

　　當我一一打完電話之後,獲得許多溫暖與溫馨的提點,例如歡迎我成為圖書館員,會指導與教導我認識書的位置等,現在想起來滿心感謝與感恩,他們是我推動閱讀路上的老師,給予我關懷與肯定,仿如春風吹拂沃野繁花欣然綻放,奠定我日後閱讀教師工作的信心,使我的閱讀花園滿園馨香。

愛的傳遞,情的延續

　　因圖書業務的關係,開始與志工們有了較頻繁的接觸,逐漸認識志工團隊的組織與成員,他們默默耕耘,依據他們的訴說,自認為是被學校忽略的一群、可有可無的團隊。加上團隊裡有家境清寒的志工,除了來圖書館服務之外,還要為生活打拚賺錢,真的挪不出其他時間,越了解他們的付出越是真心佩服與尊敬。我向他們信心喊話,從今以後只要我在這個位置,不管別人異樣

的眼光，我們要共同努力打造多元的閱讀環境，我們是在同一艘船上航行，為前方的目標努力前進，釋出最大的善意取得他們的信任，我也想起在書上讀過的一段話，「領導不是展現權力，而是照亮他人的價值」。

當時學校的圖書館位於偏遠的四樓，空間與設備都十分簡陋，冬天冷到頭會痛、夏天熱到書本會脫膠，而這一群默默在學校角落工作多年的志工們，為了讓圖書館營運順暢，他們自己已有初步的分組與分工，但是會有少數的志工媽媽隨著孩子的畢業而離開，因此在志工人手經常會出現不足的狀況下，我開始想辦法招募新志工，讓圖書館營運與閱讀教育可以持續不間斷，結合體制外與體制內的力量匯聚成彭湃的浪潮，成就我們孩子遨遊閱讀海洋，找尋書本中的金銀島。

招攬募人，廣結善緣

結合輔導室志工招募相關的業務，展開我們的招募工作。「教育，是改變孩子未來唯一的途徑，需要大家一起來參與。」這段話是激勵我前進的動力，也是我傳遞給新志工們的願景，以孩子為圓心，志工與教師為半徑，畫出教育應該有的美好圓圈。開始利用新生家長座談會、班親會、教師晨會宣導與宣傳，讓有興趣的家長加入我們的團隊。

在強力宣導下，果然有了新團員，擴充人員的數量穩定了工作的配置，接下來的工作就是留住這群志工，期待每位志工都能從服務中得到養分，讓他們的工作有使命感、成就感與歸屬感，這都依賴我這位圖書教師與他們互動的態度，讓這些兄弟姊妹們願意和我一起努力，於是我規畫了相關的工作內容，如下：

1. 意願調查表的內容與設計

調查表的項目包含（姓名、出生年月、身分證字號、住家地址、服務時段、特殊專長、服務的組別）等，讓志工們填入自己的服務意願，尊重每位志工的特性與喜好，再依照每位志工的意願提供適合的工作，讓他們喜愛這份有使命感的工作。我秉持著一個信念——必須激發與鼓勵志工們內在的自我動機，讓他們心甘情願投入某項工作，而最好的方法就是強化他們的責任感與成就感。透過這份表單發掘志工的特殊才能，再給予適當的舞臺發光發熱產生成就感。

我藉由這份表單發現許多志工的特殊能力，當學校辦理特別的活動時，這些低調個性的志工們，就成為最佳協力幫手，我會特別請託他們為了孩子的學習，展現一下自己的才華，例如表演話劇、手工書課程等，通常他們都願意主動積極地學習付出愛，因為「愛」讓大家結合在一起，讓「愛」的光亮促使我們無所畏懼地往教育的路上攜手前進。

2. 服務工作分組與內容

分組與分工是為了讓工作實施更有效率，也是要讓每位志工更清楚，如何配合學校每學期的推展閱讀計畫。圖書志工大致分為六組，圖書、故事、資料、戲劇、美工、展覽。每一組都有負責的組長，這些組長都會在學期前與我開會討論下學期的閱讀教育推展工作，他們天天在圖書室或到班級說故事，看到學生的表現，比我更深入閱讀教育的現場。我們固定在每週一晨讀時間之後開會，針對課程活動進行討論與交流，讓志工們付出心力的同時能即時獲得回饋，把握這些時刻增強他們的信心，給予具體的讚美與肯定，這是一份「善」的力量，要讓善的力量持續下去，

即時增強夥伴的表現,掌聲、肯定,就是一種鼓舞人心的動力,成就他人付出心力的滿足感,同時凝聚團隊的向心力。

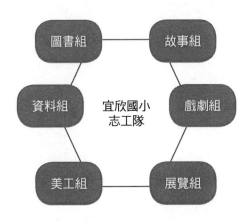

專業成長凝聚愛的能量

我們深信專業的教育力量支持教師的教學,志工媽媽也一樣,亟需專業的精進。因此,*2013*年開始,我努力爭取志工們的學習機會,積極扮演好體制外的角色,配合學校的政策,協助更多孩子透過閱讀的力量提升學習興趣,找回學習的信心。志工團隊齊心成為孩子們的專業輔導員,所以我積極規畫精進志工圖書與閱讀能力,在提升專業知能方面,我們分為進修研習、專業社群及行動學習三大面向,說明如下:

1. 進修研習提升專業知能

研習課程內容必須貼近志工的需求,以各組的需求做為研習重點,邀請最適合的專業講師來教導志工團隊,用他們熟悉的語言與技巧,帶入新的技能與知識學習,例如,專業的圖書系統、如何生動說故事、口語表達訓練、戲劇排演方式、由繪本閱讀到

寫作教學等,這些都讓志工們可以立即運用在教學上。我看見他們學習時臉上的喜悅,就覺得這一切都值得,因為每場的主題研習課程,開課前我必須與講師溝通協調,讓志工們對於學習成為快樂與理所當然的事。加入學校志工團體的功能就是開始有共識的成長,跟著新課綱的精神,體制內外一起陪伴孩子學習成長,牢牢織就學習的春天。

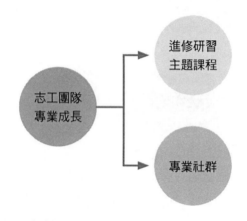

2.專業社群凝聚志工熱忱

2014年我成立閱讀專業學習社群,目的是推廣「閱讀教育」,更是培養志工們的專業素養首要課題,利用此社群展現團隊自身創意、研發教材與翻轉故事的表現。透過專家學者的帶領與閱讀研習,成為校園裡協助孩子學習的一股強大輔助力量。因此,定期在每週二晨間活動後共同召開會議,透過專業對話、腦力激盪,激發多元教學創意,並設定主題討論,例如,讀書會、繪本的教具研發、繪本的延伸活動等,都是我們在社群內共同學習的工作。

學期之前我邀請幾位組長,與他們一起討論下學期規畫的閱

讀工作事項,我們會共同研究與修正,讓志工參與所有的活動計畫,讓他們意識到自己服務的重要性,並協助學校的閱讀活動進行得更順暢,其次是志工們的學習成長,最後是幫助導師教學與學生的學習。整合可能的人力資源有效率地協助學校與自己的專業成長,創造三贏的教育模式。

| 安排機會,讓志工們學習成長,有充電的感覺。

3. 跨出校門行動學習——增廣閱讀視野

　　自2014年開始,每年都與社群組長討論帶領志工團隊走出校園,去看看外面的世界,開拓自己的人生視野,因此,以「讀萬卷書不如行萬里路」的理念,固定假日帶著志工媽媽們透過走讀活動,學習從書本認識地方歷史與文化,走入真實世界探索人文風情,更重要的是走出自己的校園圖書館去參觀其他有特色的圖書館;我們先後參觀臺北、宜蘭、高雄及臺東等縣市立圖書館,了解軟硬體設施、讀者服務、閱讀活動、志工服務等項目,然後回到自己的學校,討論圖書館可以做哪些更好的規畫與服

務。推動閱讀不是閉門造車,而是以開闊的心胸吸收新知創造優質的策略。

帶著志工團隊出門,除了課程與時間安排之外,最重要的是經費來源,因此我到處尋求資源,家長會是我主要的訴求支持對象,因為他們長期支持學校的活動,期待他們能支持我們志工團隊的成長課程。於是我著手擬訂相關走讀的學習出遊計畫,跑校內的行政流程之後,利用學校辦理活動時,開始遊說家長會成員,同意補助每次活動70%的經費,志工們再自費30%,讓有意義的活動能順利成行。在募款初期遇到冷言酸語,我都必須耐住性子解釋,不讓流言蜚語影響我的教育初衷,有幾次躲在廁所大哭之後,擦乾眼淚再繼續去面對募款的挑戰,最後遇到前會長的雪中送炭,讓我們的活動得以圓滿成行。

| 帶領志工團隊走出校園,參觀訪問,開拓視野,吸收新知。

　　嚴長壽總裁曾說:「再大的夢想,只要分段去做,總有一天能達成;再小的夢想,如果都不行動,哪裡都到不了。」現在回頭想想,自己憑藉著一股傻勁,沒有考慮任何的困難因素,就帶著計畫和想法與會長及校長談,居然奇蹟似的順利成行,讓我感受到一段話「當你真心做利他的事,全宇宙的能量都會來幫助你」。真的是運動員勇往直前的精神,站在對的地方堅持做對的事,一步一腳印與圖書志工團隊攜手創造學校閱讀教育的繁花勝景,成果累累地結在時間的枝頭上。

深耕閱讀——服務利他,身心靈皆美

　　在校園裡有閱讀活動就會看見志工的身影,每位默默付出的志工夥伴們,他們的心就像春天的太陽,照耀出溫暖與溫馨的光與熱,感染許多孩子進入閱讀的世界,在圖書館裡忙進忙出地處理借還書、每月好書推薦、閱讀環境布置、新書報報、主題書展等,在晨曦閱讀時光進入班級時眉飛色舞、神采飛揚地說著精采的故事、節慶時的戲劇表演等,他們都展現自己的熱情與活力,期待孩子們能透過閱讀翻轉自己的人生。

　　志工們經常與我分享一段話「當一扇教育的門窗為孩子開啟,一百扇夢想與願望也同時開啟」,他們願意預見這樣的未來,常常讓我感動莫名,感謝老天爺讓我成為一名圖書教師,與這群志工結下這麼美好的緣分。

　　對我來說教育一直是生命感動生命、生命影響生命的有機活動。在帶領志工的過程中真的有許多的甘苦談,但我把這些當作是幸福與幸運的象徵,因為他們經常給我正向回饋與激勵,讓我擁有許多愛的能量持續在閱讀教育裡努力學習。我會一直在教育的園圃,深耕閱讀,如一名勤懇的農夫,為孩子的幸福未來努力。

回饋

之一

在宜欣國小服務一轉眼已經17年，參與至今，我懷著感恩與感謝的心，每個禮拜都可以跟孩子們進行一場繪本故事之旅，看見孩子的臉上笑容與期待的眼神，令我有成就感，感謝怡伶老師努力認真的帶領，給我機會和孩子們共同成長。（玉惠媽媽）

之二

我在宜欣服務15年了，從零到有的時光，故事組的我們感謝怡伶老師的帶領，讓我越來越有質感在繪本世界裡，因為深入才能把故事演、講得淋漓盡致，看見孩子專注的神情，真的令我開心一整天，再次感謝怡伶老師。（秀娟媽媽）

之三

我最期待每個禮拜故事媽媽及爸爸到我們班上說故事，每本故事都好好聽好好看，讓我增加寫日記與作文的內容，我真的好愛聽故事喔！（宥辰同學）

撰文者簡介

劉怡伶

臺中市太平區宜欣國小圖書教師

我是個瘋狂的水瓶座，腦袋裡充滿許多幻想與理念，在校園裡我如同過動兒一般，永遠活力十足跟孩子玩在一起，透過閱讀的沃土豐富我跟孩子們的世界，常感恩自己何其有幸成為一名圖書教師。

12

圖書界最美麗的人文風景
——Reading for Taiwan
讓推動閱讀的種子綻放美麗的花朵

廖英秀

　　Reading for Taiwan 圖書教師志工團於 2016 年成立，這是一個結合一群熱心的圖書教師志工團體，利用寒暑假期間至偏鄉學校進行閱讀推動教師的培訓。

　　圖書教師制度在歐美國家行之多年，在美國一般稱為 teacher librarian，圖書教師主要任務在於負責學校圖書館的經營、規畫與推動閱讀，以及資訊素養活動、提供資源協助教學、與教師協同教學等，以提升教師教學品質、學生閱讀興趣，並幫助學生具備自學能力。臺灣在臺師大陳昭珍教授的奔走下，於 2009 年組訓了第一批圖書教師至今，全臺灣國小總數有 2,678 所，國中有 937 所，但獲教育部補助的學校比例僅 10%，礙於經費有限，許多有心推動閱讀的學校未能獲得補助，沒有機會參與培訓學習專業知能，也缺乏足夠的資源支持閱讀推動。

　　為使未獲教育部圖書教師計畫補助的偏鄉學校，也有機會學習閱讀教學知能，師大結合一群熱心的圖書教師、閱讀推手及圖書館主任組成「Reading for Taiwan 圖書教師志工團」，一方面招募對於中小學圖書館閱讀推動具熱誠且樂於分享的專業師資，另方面規畫一系列為期二至三天的圖書館經營、閱讀教學及圖書資訊利用課程，讓招募的這些熱血老師利用寒暑假至偏鄉學校進行

圖書教師的培訓。

Reading for Taiwan（以下簡稱RFT）圖書教師志工團的宗旨，是希望將閱讀帶到臺灣的每個教學現場，深化學校教師的閱讀推動專業知能，同時提升學生閱讀知識素養，培養學生的閱讀興趣。且藉由交流，激發教學思考，讓閱讀推動的熱情持續延伸到臺灣的每個角落。

| 2017年圖書教師志工團宣傳海報

回想初始，心懷感恩

2011年，當時我正處於對導師工作的倦怠與無奈，因教務主任隨口一句問話，讓我重新審視擔任十多年的導師工作及踏入教職的初衷。幾番考量後，心想換個位子或許能重新燃起對教育的熱忱，於是就接下這個「閱讀推動教師」的職務。

尚未實際接觸時，心想像這份工作大概就是整理書籍、借還

書等，對於熱愛閱讀的我應不難，藉此還可閱讀更多書籍。但從暑假的初階研習開始，上完一連串的圖書館管理、中文十大分類圖書編目、閱讀課程規畫及志工管理等專業課程後，這才了解圖書教師要具備管理圖書室的專業知識，要有課程規畫及活動推廣的能力，並非當初想的那麼簡單容易。因此懷著戒慎恐懼的心情，展開我的圖書教師生涯。

圖書教師的工作，大約分成三部分——圖書室管理、推動閱讀及閱讀課程教學。圖書室管理雖然只是日常的借還書，事實上是非常繁瑣的，如果不了解每日操作的圖書流通管理系統，只要出現問題，就會讓人焦急沮喪。圖書編目也是一大挑戰，首先要了解學校的館藏分布，對於編目方式與流程也要相當熟悉，幸好本校前幾任圖書教師留存的資料相當詳細，加上編目志工從旁協助，我還能掌控此工作。對於沒有編目相關背景知識的我來說，搞懂並熟悉確實讓我費了好大的功夫。

剛接此職務時，本校的圖書室位於三樓，既偏僻又炎熱，書籍放置及排列也不適合孩童，因此費盡心思來改造，也花最少的經費來布置；將閱讀桌鋪上漂亮桌巾、擺設些小盆栽、放些小玩偶、規畫光腳丫閱讀區等，盡可能將圖書室裝飾成吸引孩子喜愛來的地方。後來不斷撰寫申請經費計畫，終於在2016年完成心願，擁有一間全新並適合兒童使用的圖書室。如同《牧羊少年奇幻之旅》說的：「當你真心渴望某樣東西時，整個宇宙都會聯合起來幫助你完成！」

此項職務另項挑戰是閱讀課程教學規畫，當了十幾年導師，以往教學拿著教科書按表操課即可，但圖書教師的閱讀課是沒有既定課本，一切都要重新規畫，教些什麼也沒有範圍。由於自身專業及經驗不足，第一年負責的閱讀課大多在恐慌中度過。對此

窘境,深切反省檢討。之後,我就像塊海綿般,不斷吸收相關知識,參加相關研習,並在每年暑假審視修訂上一年的教學教材,去蕪存菁,再編定新一年的教學課程,讓閱讀課程能更完整、精進。經歷如此心路歷程,更能體會新任圖書教師面對新職務的恐慌與不安,因此很樂於分享所有經驗。

圖書教師,除了是圖書室的管理者及課程的教學者,同時也是課程活動的規畫者。推廣閱讀也是圖書教師的任務之一,不僅要進行圖書室的圖書推展,更要籌畫及推展全校的閱讀活動。圖書教師雖不是行政職,但做的實際是行政推廣工作,而這些推廣活動常須行政端的長官認可才能執行。剛接的第一年由於還不熟悉這樣的行政流程,常常在閱讀活動規畫中,因沒有和行政端溝通討論,而出現行政端無法配合執行的狀況,及行政長官不認同推廣活動的窘境。這些挫折對滿懷閱讀推動熱忱的我曾是一大打擊,也因此曾萌生退意。圖書教師在校內少有同質性夥伴,工作時常須忍受孤獨與寂寥,還好一路上有許多圖書教師好友們互相打氣與取暖,我才能持續堅定的走下去。

一路走來,戰戰兢兢、如履薄冰,但看見學生因為閱讀而改變,看見閱讀在學校開花結果,學生閱讀習慣的培養、閱讀課程的深耕、長官的支持、同事的認可、新圖館的成立、外校的肯定及教育部磐石獎的加持,雖然辛苦忙碌、困難挫折不斷,對於熱愛閱讀、推廣閱讀的心始終如一。

在擔任圖書教師這幾年,最大的成就不是來自外界的推崇,而是對自我價值的肯定與找回教書的樂趣。從這過程中,我看見閱讀帶來的希望與美好,看見閱讀帶給孩子們的改變與快樂,這些是支持我繼續前進的力量,也希望將這些閱讀帶來的效益分享給其他學校。

　　因為大家的肯定，因此我常受邀到各校進行閱讀推廣的分享，在分享過程中，發現如果老師有心推動閱讀，閱讀推廣定能成功。本著這樣的理念及信念，當志工團總召萬興國小曾品方老師打電話給我時，二話不說立即接下任務，分享推廣閱讀的自身經驗。

修正經驗，重燃熱情

　　*2015*年志工團元年因為成軍較晚，加上經驗及宣傳都不足，除了申請研習的學校不多之外，志工團學校端對於「研習服務」的定義不同調，志工團被當成是免費的研習課程，導致服務的美意被濫用，折損志工老師的熱情。在第二年志工團改變策略，廣發公文，果真申請志工團下鄉服務的學校從*2015*年的 *3* 所國中，到*2016*年即增加到國小*36*所、國中*13*所。但問題來了，因為申請的學校太多，志工團人力稍顯不足，再加上怕重演*2015*年的窘境，因此志工團總召萬興國小曾品方老師，委任各縣市資深圖書教師一名為各縣市負責的團長，而為臺中地區的團長的我，除了傳遞志工團的服務宗旨與目的，也要負責篩選真正迫切需要服務的學校。

　　每區團長都是各區有經驗、熱情的圖書教師，每位都想將滿腔的熱血、滿腔推動閱讀的熱情散播到各個學校。在會議中，品方老師先告知大家志工團成立的宗旨與目的，說明*2015*年的做法、遇到的相關問題與這次的做法，並付與各區團長負責聯繫申請學校，傳達志工團的理念，篩選需要服務的學校，並規畫研習課程，聚集當地有經驗的圖書老師執行下鄉服務的任務。經過各區團長不斷與申請學校溝通協調，最後決定國小出團*21*所，國中*10*所。這是一次大規模下鄉服務推廣的活動，也是最具意義

的一次活動。

委以重任　如履薄冰

聯繫篩選確認名單

最初接到品方老師的電話時，她邀請我擔任臺中區的負責老師，負責執行整個臺中地區的RFT，要從篩選服務學校，編排課程，找分享講師，最後完成報告結案。

第一個艱鉅的任務是，如何透過電話訪談聯繫，找出真正有心推動閱讀卻未能獲得補助的偏鄉學校，來為這些學校的老師進行培訓學習專業知能，散播閱讀推動的種子。

篩選的法則：第一，必須從聯繫的談話中找出學校推動閱讀的熱情。第二，申請的學校要保證有大部分的老師可以出席。因為大部分的偏鄉老師暑假都不在學校，加上小校老師人數本來就少，如果沒有與學校達成共識，勢必造成志工團的講師比來研習的老師還多，這樣除了浪費人力資源外，也達不到真正的效果。最終，我從五所學校中選擇了兩所。學校名單確認後，接下來就安排學校希望可以研習的課程與邀約分享的教師。

課程編排邀約講師

在電話聯繫過程中，除了敲定研習的時間與天數外，我也必須視學校狀況提供最適合的課程，於是客製化課程嫣然形成，不同的學校提供不同的課程。

課程確定了，就開始尋找講師，我先邀約中區圖書教師輔導教授呂瑞蓮老師擔任領隊，又邀約同在臺中市推動閱讀的教師，分別是：宜欣國小劉怡伶老師、崇光國小顧啟賢老師、新興國小李玉玫老師及中正國小的劉美瑤老師，還有特地從臺北市南下支

援的景新國小郭璽瑜老師，來擔任課程講師。感謝這些無私的圖書教師志工夥伴們，沒有任何酬勞補助，但他們願意犧牲假期，一起做志工服務，散播閱讀推動的種子！

| 圖書教師志工出團分享服務

服務執行

我們在中區服務的第一所學校是靠近山區的森林小學，這是一所僅有六個班級的小學校，分享當天申請的教務主任及教學組白老師號召了近十幾位老師，一起來研習。志工團下鄉分享的流程，是先邀請學校端分享學校的簡介、閱讀推動及圖書室運作現況介紹，讓志工團可以從這些訊息中，大致了解他們的做法與方向。

一天的研習課程中，除了規畫分享RFT志工團的目標，以及目前圖書教師的概況外，還讓有經驗的圖書教師輪番上陣分享圖書館活動規畫與布置、閱讀策略融入各領域課程以及閱讀課程規畫等課程。其中，讓志工團很感動的是，在研習分享課程中，

教務主任帶著老師一起認真學習，沒有老師中途離席，每位老師都很認真地聽著臺上講師的分享，抄筆記或拍照記錄，下課時間圍著分享講師問問題。由這些小細節看來，老師們真的非常用心地學習，閱讀的種子已經在這些老師們的心中悄然播下，相信不久在他們的課堂中將會出現美麗的花園。

據主任所言因為小校的人力不夠，因此圖書室由一位代課教師負責管理，從布置及活動的推廣可以看出管理者很認真經營，雖然只是代課教師，但用心程度令人佩服，小小的圖書室規畫了可以讓學生自在閱讀且溫馨的繪本小空間，簡單卻具意義的「跟著書本去旅行」活動，透過主題書展及別具巧思的活動，讓學生自然而然地喜歡閱讀、親近閱讀。這在人力吃緊的小學校，著實令人感動。應證了「只要老師有心，閱讀必能推廣」這句話。讓志工團感動的除了全校老師認真學習之外，也感受到學校對推廣閱讀那份熱切及用心。我們相信這個夏天過後，閱讀種子將在這所學校開出美麗的花朵！

我們服務的第二所學校，是位於郊區有 *12* 個班級的小型學校。參與研習的老師不少，但兩天的研習中，我們發現學校最認真學習的是圖書室的管理幹事蔡阿姨，蔡阿姨雖然有點年紀，但兩天的研習都非常認真地抄筆記及提問。她還帶領我們參觀學校圖書室，圖書室是她與志工負責經營的。

我們從她的言行中得知，她非常用心地管理學校的圖書室。自從接手圖書室之後，雖然沒有什麼行政支援及專業的圖書管理觀念，但是她自己研讀、自己 DIY 布置；對於圖書編目工作不清楚，她將呂瑞蓮老師放在雲端上的操作手冊全部印下來研讀，所以當瑞蓮老師看到蔡阿姨的編目筆記時，十分驚訝與感動。

｜ 熱情的蔡阿姨（右）與瑞蓮老師合照

　　除了自我研讀編目系統外，蔡阿姨還用心地布置圖書室，她說經費少有經費少的做法，廢物利用DIY做還書箱，將舊的書尺搖身一變成了感恩書插，整個圖書室布置得很溫馨。

　　這讓我想到大墩國中童師薇老師說過的一段話當一所學校推動閱讀時，橫陳於前的最大困難是什麼？人力不足？經費不夠？長官態度？還是閱推素養？是千萬人吾往矣，堅持做對的事的魄力！是享受孤獨耐受寂寥耘織圖書館的堅持！是積極學習多方請益團隊協作的融合！是「信念」啊！只有付出才會改變，只有推動才能成長。

　　我在蔡阿姨身上看到推動閱讀的信念！蔡阿姨說：「她在圖書室看到學生因為閱讀而改變，所以她認為閱讀推動是一件很偉大且重要的事。」從蔡阿姨身上，我們感受到她對生命的熱情，對推動閱讀不遺餘力。她也說非常感謝我們的到來，這兩天課程提供她非常多專業的知識與推廣的點子。

　　是的！這就是志工團的任務，我們努力在校園中尋找那顆開花的種子，提供養分，期許這些種子有一天會開花結果。在蔡阿姨身上我們找到了，這顆推廣閱讀的種子，一定會在這校園中綻放出美麗的花朵。

反思與回饋

完成服務後，看到開花的種子是喜悅的。雖然種子難尋，但我們還要不斷尋找澆灌那些尚未發芽的種子，這就是志工團的任務。

這次RFT出團經驗，讓我學習到如何統整資源、提供需求，也讓我看到臺灣目前閱讀推廣的現況與困境。志工團員們一定也跟我一樣，更珍惜自己學校的資源，以及思考如何將所學及自身的經驗，分享給更多老師。我相信力量存在於內心，而心靈深處所發出的善意，是一種無聲且有價值的資產，是一種無聲而重要的力量，這種無聲的力量在RFT志工團中持續在壯大。

轉型續發揚

*2018*年RFT志工團因為一些緣故，不再組團下鄉服務，但圖書館改革舵手陳昭珍教授與冒險教育專家謝智謀教授合體，圖書教師志工團與臺師大晨光夢想社群合作，藉由圖書教師志工團的專業講師，將閱讀的專業知能傳授給師大晨光夢想社群的大學生，並輔導他們設計課程與活動，繼續延續RFT精神。這群大學生已於該年*7*月啟程前往澎湖，在當地的國中小學辦理學生閱讀營隊，繼續撒下閱讀的種子，而RFT的精神將藉由不同的方式繼續發揚光大。

回饋

之一

Dear英秀老師：感謝您對秀真的支持與鼓勵，唯一能做為回報的就是繼續勇往直前，致力山野教育，希望下次見面有時間

坐下聊聊 看見您對孩子導讀的成果令人感動，相信心愛的種子不僅發芽一定也會苗壯無比，再次感恩。（登山家江秀真）

之二

英秀老師：三四年級的閱讀課超有趣，根本就不想下課，不想錯過。老師不只會講故事，選的書也超 funny，一開始升上五年級，想說為什麼沒有閱讀老師了。之後當了故事小樂手，很謝謝您給我們那麼多的機會去展現自我，希望我們是最棒的一屆小樂手。在畢業前的大手牽小手，辛苦您的安排，很開心有這樣的機會跟弟妹說故事，謝謝老師！（學生陳妤柔）

臺中市烏日區九德國小圖書教師

找喜歡旅行，喜愛閱讀，樂於分享。閱讀就像旅行，跟隨作者的腳步一步步去探索；每一本書都是不同生命的導師，開放且無私的讓我們體驗，思索不同的生命哲學。一起來閱讀吧！

13 蘇珊的工作紀事

陳秋雯

前情提要

「欸,那個稿子我看完了!」蘇珊正想和李大人討論圖書館改建。他倒先開口了。

「這麼快喔!」蘇珊很驚訝回道。因為長達八千字的稿子,李大人不消半晌就嗑完了。

李大人不屑跟蘇珊說:「對啊!我看完了。妳寫那個故事,我第一頁就看不下去了!這哪是故事啊?這根本就是工作報告嘛!」李大人不留情面,痛批了一頓,這是他特有的李氏風格。

蘇珊暗呼不妙,當初書山派*昭珍掌門飛鴿傳書邀稿之際,就千叮萬囑不要把這故事寫成工作報告!唉唷!這下可慘了,先前寫的文稿恰似一江春水向西流囉…(因為臺灣地勢東高西低)

---

* 本文所指稱的「書山派」為 2012 年新興門派,他們通過「理解策略」和「資訊素養」,將零碎的武學技法編成一套完整的閱讀教學法。此派最重門徒主動精進後的大徹大悟。書山派現任掌門為臺灣師範大學陳昭珍教授。與書山派纏鬥角力,爭食時間大餅的另一門派為「書櫥派」,書櫥派向為武林各派尊崇,該派傳習者擅以分科學科教學和測驗,精進門生在武林大會考爭霸群雄的武藝。

近年來書山派廣收門徒,快速崛起,隱然有與書櫥派分庭抗禮之勢;書山派後起之秀刻苦修練,精進神速,高手如雲;門徒忠貞,一呼百諾,書山派頗具「誰與爭鋒」的頂天氣概;未來武林盟主之位,鹿死誰手,尚屬未定之數。

「仿寫故事好難喔！人家不會寫啦！」蘇珊皺著眉頭，手裡還不時翻著被打槍的稿子。

「唉！」李大人輕嘆一聲，順手拉開抽屜道：「來，這本書再借妳看一遍，就照這本小說的寫法寫故事就對了！」

蘇珊定神細看，原來李大人把自己讀了N遍的《蛹之生》推給自己。李大人素來推崇這部小說，上學期他就好康道相報，把這本作品推薦給蘇珊閱讀。

唉唷！蘇珊猛然想起，李大人建議先閱讀然後仿寫故事，這場景分明是自己一年前手工書製作的教學流程。那時蘇珊也先要求學生閱讀作品，然後敘寫散文。當下蘇珊體會到學生搔首撓腮，苦思不得的滋味了！

在這個故事初登場的李大人，曾是閱讀推手的成員，因為蘇珊常找李大人出點子，所以蘇珊視他為首席幕僚。他身長163公分，有雙炯炯大眼，眉宇之間流露出自信和機智。身為體育老師的他，文武雙全，博覽群書，記憶力絕佳。他常說多讀書是為了豐富「喇滴賽」的素材，李大人言談犀利，經常「語不驚人死不休」，聽他說話的座上賓不是為之語塞，就是捧腹大笑。

李大人默默幫了很多忙，蘇珊經常煩他閱讀文稿，這忠實粉絲的建議，常是忠言逆耳，卻是字字珠璣。若想寫讓讀者莞爾一笑又饒富深意的故事，找他商量準沒錯。

蘇珊心想，一不做二不休，乾脆直接把李大人拖下水，傷腦筋沒靈感的時候，就把燙手山芋丟給他囉！嗚……李大人毒舌棄嫌蘇珊寫故事的功力太Low，不能和他並列作者。看吧！被人拒絕，對圖書教師而言是家常便飯唷！

看來，蘇珊還是乖乖爬格子，自己老實完成昭珍掌門交付的使命！

　　分撥既定，事不宜遲，揮筆就改，第三版圖書教師故事寫作就決定仿照陳冠學《田園之秋》生活隨筆的形式，既寫蘇珊難以割捨的工作紀事，又寫蘇珊翻躍每一道工作關卡的反省思考，希望自己誠懇的分享，能夠帶給看官們一點觸動。

　　當然啦，看故事還是開心最要緊！

原來圖書教師是千面女郎

日誌日期：2014年05月〇日　心情氣象站：其樂陶陶

　　圖書教師，究竟應該做哪些事才算完成職責，好像沒人能說得清楚。

　　「為什麼妳會認為自己是專任老師，不是行政人員？」教務主任肯德基爺爺口氣急切地質問蘇珊。

　　「我曉得你們行政人員最近在忙校務評鑑。為了列印資料，我有看到芳儀和佩穎各搬了一臺新的印表機上樓。如果你認為我是行政人員，請問為什麼她們都有新的印表機，我卻沒有？」芳儀、佩穎當時都是教務處的組長。

　　「……」明明就是肯德基爺爺找蘇珊理論，這下他無言以對。

　　2015年，換了新的教務主任。新主任不肯將業務移交的印表機讓蘇珊使用。理由是「因為您是專任老師，別人不清楚您究竟是印工作資料還是私人資料，這樣子別人會說話。」蘇珊猶記新主任甫上任時，他曾信誓旦旦告訴蘇珊，自己打算以閱讀翻轉弱勢孩子的命運。

　　蘇珊無言以對，壓根沒想到新主任如此作為。那好吧，蘇珊還是支用友誼存摺，繼續安靜地遊走在各處室間，向友好的同事借用印表機囉。

　　圖書教師的工作角色，隨著改朝換代有了嶄新詮釋。這下子驗明正身了，蘇珊確定為專任教師無誤。妾身既明，閱讀工作的內容有改變嗎？根本沒差。

　　圖書教師是行政人員嗎？蘇珊真的不知道。蚍蜉蘇珊只曉得為了圓滿閱讀工作，除了收發公文和經費動支核銷外，自己做了很多行政事務，連圖書館替代役男管理辦法都是蘇珊草擬的，甚至還在十天內，火速獨力趕出閱讀角經費的申請計畫。

　　每回和大頭目請示閱讀工作，大頭目總是很豪氣地說：「妳說了算！」

　　蘇珊由衷感謝大頭目對自己的信任。不過，蘇珊卻隱約感受到圖書教師工作角色的模糊不清。

　　為了圓滿閱讀工作，積極與同事交好，蘇珊是「吾少也賤，故多能鄙事。」唉！圖書教師職位不高，但是「勞者多能」，蘇珊勤習武學，就算無法達到十八般武藝樣樣精通的境地，但所使出的花拳繡腿也夠唬人的了！

| 基隆市百福國中閱讀推動黃金團隊！

　　蘇珊沒想到的是，自己的輔導老本行竟然也有助於閱讀工作的推行。

　　里長妹是學姊班上的學生。蘇珊初次見里長妹時，她的眼睛紅紅的，神情有些疲憊，問她話都不搭理，學姊溫柔地幫她解釋：「她才剛和班上毒舌的男生吵完架。」

　　有回蘇珊急需學生幫忙出公差，求助學姊，她二話不說帶了兩名女孩到蘇珊的辦公室。從那時候，蘇珊和里長妹結緣。

　　學姊希望趁公差之便，蘇珊可和里長妹多親近，開導里長妹走出心牢，化解人際關係的困擾。

　　除了教里長妹應對進退，能夠有禮貌出公差外；蘇珊還教她中文圖書分類法，鼓勵她帶著學弟妹一起整理圖書館。里長妹做事勤快細心，很快成為蘇珊閱讀工作的總管，她常常提醒蘇珊得即時發送資料。

　　「老師，您曉得圖書館有《地理課沒教的事》這本書嗎？設備組長問我，可我怎麼找都找不到。」圖書館管理員客氣地詢問蘇珊。

　　恰巧里長妹走進圖書館，聽見蘇珊和管理員的對話。蘇珊很快問里長妹：「妳曉得那本書放在哪裡嗎？」

　　「我知道！」里長妹飛快地跑到書庫，立馬取了三本一模一樣的書給蘇珊。

　　里長妹比圖書館管理員更熟悉圖書上架的位置。每次整理圖書，她都是做得最快、最多的那位。蘇珊總是大方地給里長妹按讚。

　　慢慢的，蘇珊發現里長妹和初識的模樣不同。里長妹的話越來越多，聊開了，閒聊的話題也從公差工作進展到家人、朋友、師生的相處。

　　兩年的相處，蘇珊聽里長妹說話的時間越來越長，她的笑容也益發燦爛。看來蘇珊的陪伴，真的幫忙里長妹和同學能夠和平相處。

　　其實，里長妹話很多，人也挺熱情熱心，喜歡和老師學弟妹social，蘇珊三不五時吃到她烘焙課後分享的美味點心。無怪乎所有任課老師都喊她「里長妹」。

　　雖然人際關係的心結打開了，里長妹還是賣力地考了國英數自社五科補考，好不容易才拿到畢業證書。

　　畢業前一週，里長妹決定送給蘇珊一個難忘別出心裁的禮物——她自願幫忙蘇珊製作暑假營隊課程的樣版。

　　蘇珊和里長妹工作默契十足。解說完課程次日，只見里長妹背著自家筆電，雙手抱著一堆從圖書館借來的書，直衝蘇珊辦公室，她全副武裝要幫蘇珊全力備課。最後，蘇珊開心地笑納里長妹這個獨一無二的畢業禮物！

　　2015年臨別時，里長妹在大大的卡片寫道：「親愛的蘇珊：謝謝您這兩年照顧我，常常和我說道理，有時午休找我到圖書館畫黑板。每次做點心分您吃，您都跟我說我做的點心很好吃！常常陪我聊天，剩下的這幾天我超想每天在您的身邊玩，時間一天一天過得好快！蘇珊，我們要一起做快樂好女孩哦！」

　　相伴兩年，蘇珊為里長妹付出的愛心，她其實都懂，而且她由衷企盼蘇珊未來過得快樂！

　　蘇珊語錄：孔夫子說：「君子不器。」既然沒有人可以明確定義圖書教師的工作內涵，那麼願意一頭栽入書山的老師，就姑且「歡喜做，甘願受」吧！如果圖書教師能夠秉持著「抱願而不抱怨」的態度，才可能把閱讀的幸福感傳出去，讓師生從閱讀中

受惠。雖然幾經校內人事更迭，一路開心推展閱讀，做到退休，始終是愚人蘇珊瑰麗的夢想！

如果一天有48小時，迷糊蘇珊非常願意變身為千面女郎，是行政庶務也好，輔導工作也罷，只要不逾越教學的本分，不冒犯同事的職責，蘇珊都很樂意嘗試，圓滿閱讀工作，開心推展閱讀，做個稱職的書山代言人唷！

蘇珊斗膽和學科娘娘搶食時間大餅

日誌日期：2014年12月〇日　心情氣象站：五內如焚

讓閱讀躍上課程舞臺的第二招是「閱讀任務」。為了推廣閱讀課程，蘇珊費盡心機，無所不用其極。蘇珊用閱讀課密集訓練小小兵，他們個個心思縝密，能言善道。

2014年隆冬，有幾名小小兵慌張跑來圖書館回報蘇珊：「老師不好了，大事不妙！」

那個學期期末，蘇珊和五名八年級閱讀課班級在圖書館籌備手工書展，從來賓邀請，海報設計，活動宣傳，到書展導覽全都由孩子操刀。

全班同學可以一起烤肉，一起吃火鍋，一起去校外教學。「全班一起辦書展」？沒聽過，不過這個點子很酷，雖然有些難度，孩子們都躍躍欲試。

手工書展，是八年級上學期最後一個學習單元。孩子們從一開學就知道自己親手製作的手工書要陳列在書展上，從閱讀散文，寫主題故事，籌辦書展，為學弟妹導覽書展，蘇珊讓全班一起傷腦筋討論，一起動手做做看，一起被蘇珊碎碎唸。

蘇珊暗暗生疑：第一場手工書展成果發表會都準備妥當，即

將開跑,哪有大事發生?

帶頭的孩子慌張地說:「老師,我們老師大發雷霆,她說這節是她的課,不讓我們辦書展活動。」

孩子口中的「我們老師」是麗妃娘娘,任教國文。工作積極的麗妃有著圓圓的大眼睛,甜甜的笑容,皮膚白皙,妝容精緻,穿著入時。她總是叩叩叩,踩著高跟鞋穿梭校園。蘇珊曾經和麗妃一起合作校外閱讀活動,也聽過她說教特殊班壓力很大。學生經常提到麗妃因為成績而勃然大怒。

蘇珊心頭一震,趕緊詢問帶頭跑來的孩子:「那其他人呢?」

孩子喘吁吁地回答:「他們還在教室考試。」

蘇珊問:「導師怎麼突然不讓你們辦活動?活動通知不是早就發到導師那兒了?」

另一個孩子跑來,她上氣不接下氣地說:「導師說她根本不曉得這節課要借課。」

| 與孩子在圖書館籌備手工小書書展。

　　大事果然不妙，蘇珊明顯感受到山雨欲來的肅殺氣氛。

　　眼見七年級師生陸續進入圖書館，蘇珊不知所措。所幸，心地善良的麗妃最後還是放人了。

　　蘇珊狼狽地和孩子們完成首場書展後，麗妃再也不肯讓孩子在閱讀課堂外的時間參與任何閱讀活動。

　　每次孩子來回覆蘇珊：「老師，我們老師不同意我們……，很抱歉。」

　　蘇珊都很阿莎力回答：「沒關係。老師另外為你們班設計好課程了。」蘇珊老早就準備好兩套課程。

　　蘇珊老早就看出來，孩子處在麗妃和自己之間左右為難。

　　早在孩子東搶西奪以課餘時間趕製手工書時，麗妃就奚落過他們：「讀書都沒那麼認真，做這個那麼認真幹嘛！」

　　蘇珊曉得麗妃身負拉抬班級成績的沉重壓力，也理解她擔憂孩子投資閱讀可能影響成績的疑慮。對於她無言的不合作態度，蘇珊沒有多做解釋，因為擔心誤會更深。

| 蘇珊非常投入地為孩子進行閱讀理解課程。

　　所幸，其他老師都很樂意抽出一點點時間陪伴孩子參加閱讀活動。或許，他們也好奇蘇珊的閱讀課到底在玩什麼花樣？

　　回憶起蘇珊 2013 年剛推行閱讀時的手忙腳亂，自己都覺得好糗；不過蘇珊發現：閱讀工作讓自己一做上癮，從事教學十多年來，從來沒有一個教學議題能夠像閱讀教學這麼吸引蘇珊，讓蘇珊執著，勇敢，堅持創新，無懼批評。

　　蘇珊語錄：英國首相邱吉爾說：「勇氣很有理由被當作人類德行之首。」王溢嘉也說：「因為你要先有勇氣，才敢於表現你在才智方面的優點；而在面臨挑戰時，要維持德行，更需要勇氣。」沒錯！看官們要投身圖書工作，先得提升您的勇氣指數！要和國中學科老師搶食時間大餅，幫助師生離閱讀更近一點，蘇珊除了得有智慧設計有趣的課程活動外；蘇珊認為，圖書教師還需要很多很多的勇氣──被拒絕，被誤解，被討厭的勇氣，以及愈挫愈勇的毅力。

撰文者簡介

陳秋雯

基隆市立百福國中圖書教師

甫出校園，即於基隆百福國中任教國文迄今。「蘇珊」是李大人幫她在故事取的化名。李大人說，既然要寫故事，登場的人物，自然都要有貼切的稱呼。蘇珊諧音「書山」，想當然耳，圖書教師的工作就是和堆積如山的圖書為伍。行住坐臥，皆在書山之中。

蘇珊，身長156公分，彎月般濃長眉毛，瀏海下方藏著慧黠靈動的大眼。嬌小的個頭，清秀的臉龐，常令初識者對蘇珊多年教學資歷驚呼連連，不敢置信。蘇珊童心未泯，笑點特低，忘性絕佳。言談間偶一觸動蘇珊笑穴，其恣意爽朗的笑聲，常令眾人嘆為觀止。

2013年起，蘇珊莫名其妙掉落書山，上任圖書教師一職。她對閱讀教學有著狂熱的興趣，做起課程常常發憤忘食，樂以忘憂。儘管蘇珊在閱讀課程前衛的作為，被學生目為怪咖，被同事評為瘋子，她依舊樂此不疲。

國家圖書館出版品預行編目（CIP）資料

散播閱讀火苗的人：臺灣圖書教師的故事 /
　賴玉敏等作；陳昭珍主編. -- 再版. -- 新
竹縣竹北市：方集, 2020.04
　　面；　公分

　　ISBN 978-986-471-245-8 (平裝)

1.圖書館推廣服務 2.閱讀指導 3.中小學圖書館

023.92　　　　　　　　　　　　108016442

散播閱讀火苗的人：臺灣圖書教師的故事

主　　　編：陳昭珍
作　　　者：賴玉敏　林于靖　劉廉玉　黃莉娟　許慧貞　林心茹
　　　　　　陳芳雅　曾品方　童師薇　劉怡伶　廖英秀　陳秋雯
繪　　　者：陳明禎
執行編輯：鄒恆月
助理編輯：鄭水柔、趙子萱、溫宜琳

發 行 人：賴洋助
出 版 者：方集出版社股份有限公司
地　　址：302 新竹縣竹北市台元一街 8 號 5 樓之 7
電　　話：(03)6567336
聯絡地址：100 臺北市重慶南路二段 51 號 5 樓
聯絡電話：(02)23511607
電子郵件：service@eculture.com.tw
出版年月：2020 年 04 月　二版
　　　　　2020 年 06 月　二版一刷
定　　價：340 元

ISBN：978-986-471-245-8 (平裝)

總經銷：聯合發行股份有限公司
地　　址：231 新北市新店區寶橋路 235 巷 6 弄 6 號 4F
電　　話：(02)2917-8022　　　　傳　真：(02)2915-6275

版權聲明：

　　本書由方集出版社股份有限公司（以下簡稱方集）出版、發行。非經方集同意或授權，不得將本書部份或全部內容，進行複印或轉製，或數位型態之轉載、複製，或任何未經方集同意之利用模式。違者將依法究責。

　　本著作內容引用他人之圖片、照片、多媒體檔或文字等，係由作者提供，方集已提醒告知，應依著作權法之規定向權利人取得授權。如有侵害情事，與方集無涉。

　　■本書如有缺頁或裝訂錯誤，請寄回退換；其餘售出者，恕不退貨。■